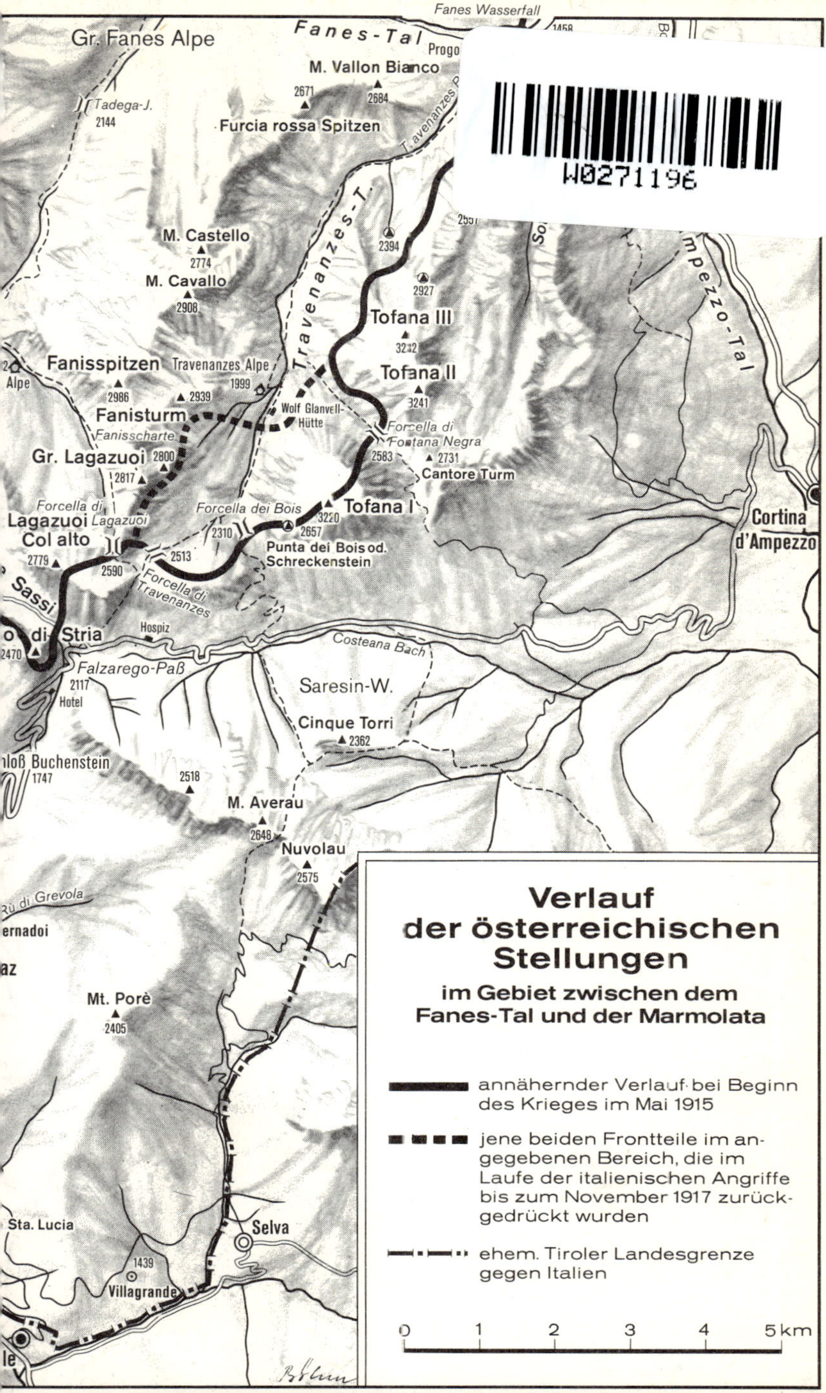
Verlauf
der österreichischen
Stellungen
im Gebiet zwischen dem
Fanes-Tal und der Marmolata
annähernder Verlauf bei Beginn des Krieges im Mai 1915
jene beiden Frontteile im angegebenen Bereich, die im Laufe der italienischen Angriffe bis zum November 1917 zurückgedrückt wurden
ehem. Tiroler Landesgrenze gegen Italien
0 1 2 3 4 5 km
Fanes Wasserfall
Gr. Fanes Alpe
Fanes-Tal
M. Vallon Bianco
2671
2684
Tadega-J.
2144
Furcia rossa Spitzen
T. avenanzes
Travenanzes-T.
2394
M. Castello
2774
M. Cavallo
2908
2927
Tofana III
3232
Tofana II
3241
Fanisspitzen
2986
Travenanzes Alpe
1999
2939
Fanisturm
Wolf Glanvell-Hütte
Fanisscharte
Forcella di Fontana Negra
2583
2731
Cantore Turm
Gr. Lagazuoi
2800
2817
Forcella di Lagazuoi
Forcella dei Bois
Tofana I
3220
2310
2657
Col alto
2779
2590
2513
Punta dei Bois od. Schreckenstein
Forcella di Travenanzes
Sassi
Stria
2470
Hospiz
Costeana Bach
Falzarego-Paß
2117
Hotel
Saresin-W.
Cinque Torri
2362
Cortina d'Ampezzo
Ampezzo-Tal
Buchenstein
1747
2518
M. Averau
2646
Nuvolau
2575
Rù di Grevola
Mt. Porè
2405
Sta. Lucia
Selva
1439
Villagrande

Luis Trenker · Berge in Flammen

Luis Trenker

Berge in Flammen

Roman

C. Bertelsmann Verlag

Vom Autor überarbeitete und ergänzte Neuauflage

Gesamtherstellung Mohndruck Graphische Betriebe GmbH, Gütersloh
ISBN 3-570-02935-2 · Printed in Germany

Dies ist die Geschichte einer in den Bergen entstandenen Freundschaft, die über Krieg und Frieden hinaus ihre Bewährung gefunden hat.

Luis Trenker

Vorwort

Willkommener Anlaß zur Neuauflage dieses Tatsachenromanes ist das wiedererwachte Interesse an den dramatischen Geschehnissen in den Jahren 1915/18 an der hartumkämpften Dolomitenfront im Süden der Österreichisch-Ungarischen Monarchie.
Heute ist es für viele unserer Bergsteiger und Wanderer kaum vorstellbar, was die wenigen, notdürftig ausgerüsteten Tiroler Standschützen mit Unterstützung einiger Landsturmbataillone und deutscher Alpenjäger damals geleistet haben. Nach der überraschenden Kriegserklärung des Dreibundpartners Italien an die Habsburger Monarchie (22. Mai 1915) galt es, die ungeschützten Grenzen gegen die Durchbruchsversuche der italienischen Armee zu verteidigen, während ein Großteil der alpenländischen Truppen Österreichs in schweren Kämpfen an den russischen Fronten in Galizien verblutete.
Die Generation, die dieses Kriegsgeschehen miterlebte, ist abgetreten. Die Nachkommen, welche die verfallenen Verteidigungsanlagen ihrer Väter oder die verschütteten Felsenstollen der Alpinitruppen aufsuchen wollten, waren durch Einbrüche und Einstürze beträchtlichen Gefahren ausgesetzt. Ihnen kam die Initiative des österreichischen Militärhistorikers Walter Schaumann entgegen, dem es in den Jahren 1973/75 gelang, die Instandsetzung der verfallenen Frontwege, Unterkünfte und Gipfelstellungen vom

Zinnengebiet und den Tofanen bis hin zum kleinen Lagazuoi und zur Marmolata in die Wege zu leiten.
Freiwillige Helfer aus Europa und Übersee – Arbeiter, Akademiker, Studentengruppen, ehemalige Gebirgsjäger und Alpini – meldeten sich spontan und halfen mit, das Netz kühner alpiner Steiganlagen, die unter härtesten Bedingungen von Soldaten errichtet worden waren, wieder begehbar zu machen. Dafür sei besonders der bergtreuen Jugend gedankt, die gezeigt hat, wie sehr sie bereit ist mitzuhelfen, wenn es gilt, die Bergwelt zu erhalten und vor Vermarktung zu schützen, wie es die Ehrfurcht vor den großen Werken der Schöpfung gebietet.
Der Abschnitt Fanesturm–Lagazuoi, in dessen Gebiet der vorliegende Roman spielt, wurde besonders hart umkämpft. Die immer wieder gegen unsere Gratstellungen nach schwerem Trommelfeuer vorgetragenen, äußerst verlustreichen Sturmangriffe erwiesen sich mit der Zeit als sinnlos. In der Folge verlegten sich die Italiener auf den Minenkampf, der um einzelne, strategisch wichtige Gipfel von beiden Seiten unerbittlich geführt wurde.
Die Gipfelstellung der Lagazuoi-Vorkuppe flog am 20. Juni 1916 um Mitternacht durch die Explosion von 3500 Kilogramm Ekrasit in die Luft. Im Grollen der Donner sauste ein Hagel von Felsbrocken nicht nur auf unsere Stellungen, sondern auch auf die anrückenden Alpini, die schwer angeschlagen und betäubt zurückweichen und aufgeben mußten, während es uns gelang, die zertrümmerte Gipfelstellung zu halten. Immer noch geben die riesigen Schuttmassen oberhalb des Falzaregopasses Zeugnis von den gewaltigen Sprengungen jener Tage.
Heute, sechzig Jahre nach dem Frieden von Saint-Germain, fährt jung und alt zur Erholung in die Dolomiten. Autostraßen, Seilbahnen und Lifte befördern uns im Sommer und

Winter in die höchsten Regionen; Bergstationen bieten alle Bequemlichkeiten; Sonnenterrassen laden zum Genießen der faszinierenden Aussichten auf das weite Rund der Gipfel ein. Die einstigen Kriegs- und Frontwege sind dank der Instandsetzung zu Friedenspfaden geworden, die den Bergwanderern Freude bringen und dem europäischen Gedanken dienen.
Aus den verwegenen Versuchen einzelner Tiroler Soldaten, in ihre vom Gegner besetzten Heimatdörfer zu kommen, ergaben sich die Motive meiner Romanerzählung, welche, in ihren Zusammenhängen frei geschildert, auf dokumentarisch belegten Geschehnissen beruht.

Bozen, im Juli 1980 Luis Trenker

1

»Per Dio, festhalten, Dimai . . . ich stürze –!«
Halb ist es Hilferuf, halb Aufschrei. Weit pendelt der Körper des Rufenden am Seil aus der Wand.
Ein paarmal baumelt der Gestürzte über dem Abgrund hin und her. Seine Hände greifen ins Seil. Ruhig steht Dimai hoch über ihm im Fels. Noch hängt Franchetti frei in der Wand, doch jetzt liftet ihn das Seil achtsam tiefer. Er erreicht das fußbreite Felsband, auf dem er vor kurzem noch neben seinem Bergführer Florian Dimai gestanden hat.
Wenige Minuten nur lagen dazwischen. Aber er hat in diesen bangen Minuten die Kraft und Verläßlichkeit seines Bergführers doppelt gespürt. Zufrieden und gesichert steht er jetzt im gelbroten Schutt des festen Gesimses. »Warten!« kam der Ruf von oben. Das straffe Seil sank in lockeren Kringeln auf den Mann herab, der den bösen Sturz zwar mit Schrecken, doch heil überstanden hatte. Nur die Hände waren ein wenig zerschrammt. Er schaute wieder nach oben. Da schob sich ein Kopf über die Felskante: ein wetterbraunes Gesicht, eine hochgewölbte Stirne, über die sich schwarze Haare legen, scharfe, klare Augen. Mit einer kräftigen Stimme rief Dimai hinunter:
»Haben Sie sich verletzt, Conte?«
»Nein, ich glaube nicht, und – ich danke Ihnen. Ohne Ihre Sicherung wäre ich wohl direkt dreihundert Meter tiefer im Kar gelandet.«

»Ja, ja – die höheren Gewalten!« meinte Dimai, »nur immer mit Ruhe und Vorsicht. Lehrgeld muß man halt immer wieder zahlen. Das bleibt keinem erspart. Wollen Sie die kritische Stelle noch einmal versuchen?«

»Klar, Dimai! Das wird mir so bald nicht mehr passieren. Bitte Seil einziehen, ich komme.«

Franchetti zog seine Kletterjoppe zurecht, drückte den Filzhut tiefer in die Stirne und ging die schwierige Stelle von neuem an.

Diesmal gelang es ihm, den gefährlichen Überhang zu bezwingen.

Sieben Stunden kletterten die beiden nun schon in dieser Wand, die sich wie eine gigantische, von hohen Säulen gestützte Mauer aus rötlichem Gestein über dem Grün der Wiesen des Falzaregopasses aufbäumt. Riesige rote Pylonen fassen den gewaltigen Nischengrund ein und laufen in wuchtige Grate aus, die himmelwärts zum Gipfel emporgreifen. Seit Jahren kam Conte Franchetti, der Toskaner, erfüllt von tiefer Bergleidenschaft, in die Dolomiten, um mit Florian Dimai, der im gemeinsamen Erleben sein Freund geworden war, kühne Felsgänge zu unternehmen. Manche Erstbesteigung war den beiden gelungen, und die alpine Chronik hielt den Namen des Grafen und den seines Bergführers fest. Franchetti liebte die Schönheit und Gefahr der Berge über alles. Schließlich war er Gefahren gewohnt; denn auch sein Beruf war gefährlich genug. Der junge Ingenieur galt als hervorragender Fachmann auf dem Gebiet der Sprengtechnik bei Stauwerken und Straßenbauten. Arbeit und Aufträge gab es genug. Die Sommerferien aber gehörten den Bergen. Cortina d'Ampezzo war ihm zur zweiten Heimat geworden.

Als wäre der Sturz nur ein nicht weiter zu beachtender Zwischenfall gewesen, kletterte Franchetti über die glatte

Schlußwand empor. Die Ruhe und Sicherheit des Bergführers gaben ihm Vertrauen.
»Jetzt haben wir die Südwand bald hinter uns, Conte«, meinte Dimai, »gleich sind wir auf dem Gipfel. Nur noch ein paar Kamine, dann ein bissel Geröll, und wir sind oben.«
Eine halbe Stunde später, Mittag war vorbei, standen sie vor dem großen Steinmann, der den Gipfel krönt.
Franchetti holte tief Atem. »Dieser herrliche Tag! Und das Wetter! Vier Wochen habe ich noch Zeit. Dann beginnt für mich die Arbeit wieder. Ein neuer Tunnel wird durch den Apennin gebaut. Aber ehe ich wieder in den finsteren Stollen krieche, will ich Bergluft atmen, Dimai, Berge, Berge. Welcher soll der nächste sein?«
Der Bergführer schnitt mit seinem Messer dünne Scheiben von dem harten Rauchfleisch. Dann hob er die Hand und deutete hinüber, wo sich die Wunderburg des Pelmo in einzigartiger Geschlossenheit hochtürmte.
»Der Pelmo? Etwa gar über die Nordwand? Die ist noch nie gemacht worden.«
Abwägend ruht Dimais Blick auf der Pelmo-Wand. »Ja, einmal wird sie sicher bezwungen werden . . .«
Doch dann löste er sein Auge von der mächtigen Flanke des Pelmo und blickte in das weite, anmutige Tal hinunter, eng zusammengedrängt, Dach an Dach, Cortina, und über das grüne Land des Ampezzo verteilt, Einzelhöfe, wie Cadin, Pacol und Vervei, bergnäher die Almgehöfte von Rumerlo, und drüben, fast von den talnächsten Lärchen zugedeckt: Majon. Dort stand Dimais kleines Haus inmitten grüner Wiesen. Man konnte vom Gipfel aus den schmalen Weg erkennen, der von Cortina heraufführte, und sogar den blauen Rauch sehen, der, von keiner Luft bewegt, aus dem Kamin stieg. Das war seine Welt. Er war stolz auf seine

schöne Heimstatt. Vor wenigen Monaten erst hatte er geheiratet. Er dachte an Pia, seine junge Frau, und ein unsagbares Glücksgefühl durchströmte ihn.
Dimai ringelte das Seil zusammen, schob es als Polster unter seinen Kopf und streckte sich in der Sonne aufs Gestein hin. Aus seinem Denken und Träumen schaute er, losgelöst von Ort und Stunde, zu den segelnden Wolken hinauf und freute sich seines Daseins.
Lange lagen die beiden dort oben auf dem einsamen Gipfel. Nur selten drang ein Laut aus den Tälern herauf. Im warmen Mittag schien die Welt zu schlafen. Drunten im Travenanzestal löste sich dann und wann ein Stein vom warmen Fels und polterte hallend über Wände und Bänder hinunter. Nur von der Dolomitenstraße her waren hin und wieder die Signale eines Autos zu hören, das sich – einem winzigen Spielzeug gleich – schnaubend und prustend auf der silberweißen Serpentinenspur hinaufschlängelte.
Franchetti blätterte im Gipfelbuch, dann schrieb er mit festen Zügen:
»29. Juli 1914. Mit Bergführer Florian Dimai Südwand der Tofana, Dimairoute. 7. Begehung. Zeit 8 Std. A. v. Franchetti Sez. Firenze C.A.I. – D.OE.A.V.«
Dimai klopfte die Pfeife aus, steckte das Buch, das ihm Franchetti herübergereicht hatte, in die blecherne Hülle, baute es sorgsam wieder in der kleinen Nische des Steinmannes ein und blickte noch einmal in die Runde.
Plötzlich stutzt er, dreht den Kopf herum, legt die Hand vor das Ohr und horcht. Etwas Ungewöhnliches ist zu hören. Die Glocken im Tal läuten. Auch Franchetti ist aufmerksam geworden. Seltsam ist das. Alle Glocken von Cortina – und das an einem ganz normalen Werktag nachmittags um halb drei Uhr.
Dimai schüttelt verwundert den Kopf.

»Vielleicht ein Brand?« fragt Franchetti.
»Nein, Conte. Es kann kein Brand sein. Man müßte das Feuer sehen. Außerdem: Es läuten ja auch die Glocken von San Vito und, wenn es mich nicht täuscht, auch die in Andraz und in Buchenstein.«
Dimai ist unruhig. »Kommen Sie, Conte. Wir wollen absteigen.« Durch das weite Kalkgeröll der Nordflanke, die ein so völlig anderes Gesicht zeigt als die wilde, lotrechte Südwand, springen beide zu Tal. Mitunter geht es in toller Fahrt über den steilen Schotter hinab. Aber Dimai ist es noch immer zu langsam. Eine seltsame Unruhe treibt ihn vorwärts. Wo er einen Streifen Schnee erspäht, springt er hin, um in blitzrascher Fahrt Tiefe zu gewinnen. Franchetti, nicht minder berggewandt, bleibt ihm dicht auf den Fersen. Gegenüber dem Felsturm der Punta Marietta verschnaufen sie einen Augenblick. Aus den Wänden stäuben die Sturzwasser der Fontana negra nieder. Die beiden schauen ein letztes Mal hinunter in die Einsamkeit des Travenanzestales.
Noch eine Geröllfahrt – dann haben sie die ersten Lärchen erreicht und kommen schon über die buckligen, mageren, blockgesprenkelten Weiden hinunter zu den Almhütten von Fedarola.
»He, Beppo«, ruft Dimai dem Viehhalter zu, »was läuten denn die Glocken alle?«
Doch Beppo schüttelt bloß den Kopf. »Was sollen sie anderes tun, die Glocken, als läuten?« meint er und faßt die Mistgabel wieder fester; »zum Läuten sind sie ja da.«
Den halbtauben Beppo stört das Glockenläuten freilich nicht. Doch als die beiden nach Pocol kommen, wo sich der Blick weit in das Tal von Cortina auftut, so schön, als würde man Gottvater selbst über die Schulter in seinen Garten schauen, rennt ein strohblondes Bübel aufgeregt an ihnen vorbei.

»He, du«, faßt Dimai den Buben an der Schulter, »was ist denn los, daß du so rennst?«
Der Bub sperrt groß die Augen auf und starrt die beiden Männer an, erstaunt, daß es auf der Welt Menschen gibt, die noch nicht wissen, was geschehen ist. Dann faßt er sich und schreit, so laut er nur kann, schreit, als hätte er die beste Nachricht zu verkünden:
»Krieg ist!«
Krieg – vor wenigen Wochen hatten serbische Fanatiker in Sarajevo den österreichischen Thronfolger erschossen. Seither lebt die Welt in ungeheurer Spannung. Und nun war es soweit.
»Krieg!« jauchzt der Bub, reißt sich los und stürmt die Straße hinunter in den Ort, als hätte er Angst, den Krieg zu versäumen. »Krieg«, wiederholt Franchetti mit schwerer Stimme. Dimai schweigt.
Als die beiden zu den ersten Häusern kommen und die Menschen sehen, die sich auf den Straßen sammeln, spüren sie die ungeheure Spannung, die über dem Land liegt. Und noch immer läuten die Glocken.
»Gehen wir ins ›Croce bianca‹ hinüber«, meinte Dimai, »da erfahren wir alles.«
Im »Croce bianca« ging es hoch her. Die jungen Burschen, die sich seit ihrer Dienstzeit noch immer gern als Soldaten fühlten, hatten die Reservistenkappe aus der Lade geholt und sie keck aufs Ohr gedrückt. Der »Tschäms«, wie sie ihn nannten, der rotblonde Hitzkopf, der um gute Einfälle nie verlegene Wortführer der Burschen, hatte seine Kappe sogar mit einem schwarz-gelb kaiserlichen Band und einem ganzen Nelkengarten garniert; von einem Fuhrwerk hatte er das Wagscheit losgemacht und begleitete seinen Redeschwall mit wuchtigen Gesten, die andeuten sollten, wie er mit den Serben verhandeln wolle. Eigentlich hieß er nicht

Tschäms, sondern Hans Kostner. Aber weil er jeden englischen Touristen, mit dem er zu tun hatte, »James« nannte – denn andere englische Namen konnte er sich nicht merken –, war der »Tschäms« an ihm hängengeblieben. Heute aber fanden seine Späße wenig Widerhall. Der Schmied Venizius Alverà meinte, daß der Tschäms schon noch still werden würde, wenn er drunten wäre auf dem Balkan: »Man hat ja g'hört, wie es bei der Okkupation von Bosnien war, Mander, Krieg, das heißt allweil marschieren und marschieren und den schweren Tornister schleppen und nichts wie stinkiges Hammelfleisch fressen und in der Nacht noch eine Extrabataille mit Flöh und Wanzen führen, ja, Leut, das ist der Krieg!« Aber die zwei jungen Ladurner, beide Brüder und beide Bäcker, die dafür sorgten, daß die Cortineser und die Fremden morgens ihre frischen Semmeln bekamen, teilten keineswegs die Meinung des Schmiedes. Mehlbestaubt standen sie da und boten jedem eine Wette an, daß sie spätestens in vier Wochen wieder zu Hause wären und wohl überhaupt kaum über Wien hinauskämen. Da schrie Tino Colli, dem man anmerkte, daß er zur Feier dieses besonderen Tages nicht mehr ganz nüchtern war: »Na, na, so einfach geht das Spiel net. Wenn wir zu Weihnachten wieder z'Haus sind, zahl i jedem zehn Liter Wein, mehr noch, fünfzehn!«
»Geh, Tino«, warf der Noggler dazwischen, ein Grödner Bergführer, der eben vom Cristallo herabgekommen war, »sauf deinen Wein selber und bleib lieber daheim und schau, daß Wein genug da ist, bis wir wieder zurück sind!«
Da trat Dimai mit seinem Herrn ein.
»Servus, Florian«, grüßten sie Dimai und rückten vor dem Grafen, den sie alle gut kannten, die Kappen.
»Florian«, rief Alverà, Dimais besonderer Freund, »Florian, alter Kaiserjäger, jetzt kannst du dir aussuchen, wohin du

deine nächste Tour führen willst, nach Serbien oder nach Galizien. Grad ist die Nachricht gekommen, daß net nur die Serben, daß auch die Russen dabeisein möchten.«
Rußland – das war ein schwerwiegendes Wort.
»Wenn Rußland den Serben hilft, dann wird Deutschland auch nicht mehr zuschauen können und in den Krieg eintreten«, gab Alverà zu bedenken. »Und Italien«, fügte ein anderer vorsichtig hinzu, »der ganze Dreibund.«
Dimai blickte zu Franchetti hinüber, der an der Wand stehengeblieben war und schwieg.
Die beiden wußten genug. Franchetti drängte es, in seinem Hotel weitere Nachrichten zu erfragen. Als Offizier mußte er sich bereit machen. Vielleicht würde auch er in wenigen Tagen Seite an Seite mit Österreichern und Deutschen auf den Balkan ziehen. Auf Serbien und die anderen Völker, die die Adria rivalisierend umgrenzten, war man ja in Italien nicht gut zu sprechen.
Dimai begleitete ihn, wie es üblich war, zu seinem Hotel. Aber ein richtiges Gespräch kam nicht mehr auf. Franchetti sagte nur einmal kurz: »Das wird ein furchtbarer Krieg, Dimai. Rußland ist stark.« Dimai nickte bloß: »Ja, Conte – die höheren Gewalten!« Schon tauchte die hellerleuchtete Front des großen Hotels Miramonti auf. Am Einfahrtsweg machte Dimai halt, nahm den Rucksack von der Schulter, um Franchettis Ausrüstung herauszuholen und von ihm Abschied zu nehmen. Franchetti gab ihm rasch die Hand. »Behalte den Feldstecher und das andere Zeug, du wirst es brauchen können. Und morgen komm' ich noch hinüber zu dir auf den Hof.«
Dimai glaubte nicht richtig gehört zu haben. Der Conte hatte das freundschaftliche Du gebraucht. Und was er ihm da alles mit leichter Hand schenkte! Ein Zeichen, wie ernst er die Stunde und wie schwer er den Abschied nahm.

Dimai ging wieder auf die Landstraße zurück und schritt, den Kopf voller Gedanken, seinem Hof zu.
Im letzten Licht des Tages strahlte der Col Rosa, der mit seinem Horn so neugierig auf Cortina heruntersieht, als wolle er genau wissen, was dort unten alles geschieht. Der Pomagagnon leuchtete wie eine glühende Flamme.
Über die Wiesen stieg er die kleine Anhöhe hinan. Schützend griffen feingliedrige Lärchenäste um das Haus. Die weißgekälkte Mauer schimmerte ihm hell entgegen. Rot leuchteten die Geranien an den Fenstern.
Das war seine Welt: Das Haus und Pia, seine junge Frau. Als er noch allein im Leben stand, hätte die Welt für ihn nicht groß genug sein können. In den Westalpen war er gewesen, in den Pyrenäen, im Hohen Atlas; und schon lockte der Kaukasus. Ja, man hatte ihn zu einer Expedition in jene fernen Berge eingeladen – große Pläne, kühne Taten! Und plötzlich kam alles anders, bloß weil drüben in Piccolein ein überaus hübsches junges Mädel, die schlanke, zierliche Pia, Tochter des Wegmachers Daniel Sompunt, zu ihm gesagt hatte: »Wenn dir der Weg über Falzarego nicht zu weit ist, komm doch wieder einmal zu uns Badioten, du stolzer Ampezzaner.« Da war die Einladung zur Expedition vergessen, vergessen auch der Kaukasus, denn der Weg über Falzarego war tausendmal schöner, seit sein Herz im Tale von Badia hängengeblieben war. Der schnauzbärtige Wegmacher Sompunt grollte zwar eine Weile, daß seine einzige Tochter gar nach Cortina hinüber, »so weit aus der Welt käme«. Aber schließlich gab er seinen Segen dazu, und im folgenden Frühjahr führte Dimai die schöne Pia heim auf seinen Hof, wo sie von seiner Mutter liebevoll aufgenommen wurde. Unten im Dort freilich meinten etliche, ob so ein blitzsauberes Mannsbild wie der Florian Dimai nicht auch in Cortina eine junge brave Frau hätte finden können. Er

lachte bloß dazu und dachte an seine Pia mit dem schwarzbraunen Haar und den so strahlenden dunklen Augen, aus denen ihm der Himmel entgegenzuleuchten schien. Alles, was die Welt an Glück und Schönheit bot, war für ihn in diesem Frauenantlitz vereint; es hatte jene Vornehmheit und Ausgeglichenheit, strahlte jene Ruhe aus, die dem ladinischen Volk eigentümlich ist. Seit Pia in das freundliche Haus auf dem Lärchenhügel von Majon eingezogen war, hatte für Dimai alles ein anderes Gesicht bekommen: Die Berge waren noch schöner geworden, der Himmel noch sonniger, die Menschen liebenswerter, die Arbeit und das Leben sinnvoller und damit bedeutend reicher an Gnade und Glück.

Und nun steht plötzlich – wie ein in den Bergen unvermutet hereinbrechendes Unwetter – die dunkle Wolke des Krieges über dem sommerfrohen Land.

Krieg – er blickt zum Haus hin. Pia steht in der Tür. Sie hat auf ihn gewartet. Doch heute eilt sie ihm nicht entgegen. Stumm und unbeweglich bleibt sie auf der Schwelle stehen. Er tritt näher, sieht den bangen Blick ihrer Augen, als ob sie fragen wollten, was nun werden möge.

Liebevoll schließt er seine junge Frau in die Arme, fühlt, wie sie leicht erschauert.

Dann tritt er mit ihr in die Stube.

Auf dem Tisch liegt der Einberufungsbefehl für Florian Dimai.

2

Sonntag war. Eine brandrote Nelke, wie es für die Männer, die eingezogen wurden, Brauch ist, hatte Pia ihrem Manne an den schwarzen, breitkrempigen Hut gesteckt. Bedächtigen Schrittes ging Dimai über die Wiesen. Die Sorge um den Hof, und mehr noch um Pia und die Mutter, lag ihm schwer auf dem Herzen. Auf dem Lärchenhügel und auf der Bachwiese war das Gras schon gemäht. Trotz des Sonntags hatte Michele, der Knecht, ein junger Bursch, der ihm bei der Arbeit half, die Zeit genutzt: Die Sense lag noch neben dem Schnitt. Jetzt ließ der Jungknecht das Vieh aus dem Stall, vier braungefleckte Kühe. Die Blesse ging trächtig. Mit dem Winterschnee würde das Kalb kommen. Ob er wohl bis dahin wieder zu Hause wäre?

Die Sorgen ließen ihn nicht mehr los. Ob Pia durchhalten würde, wenn auch Michele, der Knecht, über kurz oder lang einrücken mußte? Bei den Nachbarn, die helfen konnten, drüben am Plonerhof und beim Zanon, blieb auch kein Mann zu Haus. Und der alte Schluderbacher, der dritte Nachbar, konnte nicht viel mehr schaffen als etwa die Sensen dengeln oder das Roß führen. Die Rösser! Ja, die würden genauso ausgehoben wie die Männer und bekamen ihren Einberufungsbefehl. Seinen lieben Bräunl würde er wohl auch hergeben müssen. Morgen vielleicht schon würde der Bräunl im Extrazug hinter ihm herrollen nach Rußland oder nach Serbien.

Dimai atmete schwer.
Zum Teufel, etwas ganz Unnötiges war so ein Krieg! Sehen, wie auf einmal alles eine Wendung bekommt, wie nicht mehr der eigene, wie ein fremder Wille bestimmt, was geschehen soll!
Gewiß, Florian Dimai war, wie alle Ladiner, ein guter Tiroler, ein guter Österreicher. Treu hatte er seine Jahre gedient und war stolz darauf, ein Tiroler Kaiserjäger zu sein. Und doch wollte es nicht in seinen Schädel, was ausgerechnet er mit den Serben oder den Russen zu tun hätte. Ja wenn es um Tirol ginge, wenn es hieße, die Heimat zu verteidigen, das wäre etwas anderes; aber was gingen ihn Russen und Serben an? Gar nichts.
Nur gut, daß man, wie alle meinten, bald wieder zu Hause sein würde. Vielleicht war der Krieg doch nur ein kurzes Abenteuer, bei dem man etwas von der Welt sah und etwas erlebte.
Lange ließ er den Blick über die Gipfel gehen, seine Gipfel. Vorgestern war er noch mit dem Conte auf der Tofana gesessen, froh, nichts ahnend. Wann wohl würde er wieder droben stehen, dort, wo er im Grunde seines Wesens »daheim« war? Und er fühlte, daß das für ihn das schwerste sein würde, die Berge zu missen, die Gipfel, die hohen Grate, die stillen Kare, den warmen Fels der Dolomiten.
Die lustigen Sprünge des Viehs, das auf die Wiese zottelte, rissen ihn aus seinen Gedanken. Das junge Stierl schlug mit den Hinterbeinen aus, als säßen ihm Wespen unter dem Schweif. Die Kalblen müssen mir die Frauensleut schon durchhalten, überlegte Dimai, verkauft darf nichts werden. Für den Notfall wäre ja auch noch das Sparbüchl da, wenn auch sein diesjähriger Zuwachs eigentlich dazu bestimmt war, unterm Dach noch ein Fremdenzimmer auszubauen. Das einzige, das er besaß, genügte nimmer, denn gar zu

gerne wohnte manchmal einer seiner Herren bei ihm. Die Sauberkeit des Hauses, die Harmonie in diesem stillen Winkel, die Rührigkeit seiner Frau, das wußten die Herren zu schätzen. Und ihn selber hatten sie auch gern, konnten sich stundenlang mit ihm unterhalten und hielten große Stücke auf ihn, die Italiener ebenso wie die Deutschen, die Engländer, Franzosen, auch die russischen Herren, die er auf die Drei Zinnen geführt hatte. Ja, die zwei Russen waren auch nicht anders gewesen. Und auf die sollte er vielleicht jetzt schießen müssen?

Da war er schon wieder beim Krieg.

Am Erdäpfelacker vorbei, stieß er derb mit dem Schuh gegen die frischen Erdhügel, die ihm die Schermäuse in die Wiese gesetzt hatten, und schritt auf den Stadel zu, wo Michele schaffte, was das Zeug hielt. Verflixt, wenn der Knecht auch fort mußte . . .

Im Stall blökten die Schafe, die man hielt, um Wolle zum Spinnen zu haben. Im Haus stand noch der alte Webstuhl, aus dem schon seit Generationen der grobe, feste Joppenstoff kam, der tausendmal besser war als irgendwelches gekauftes Zeug. Pia verstand sich gut darauf. Und wenn die Zeit dafür kam, sangen wohl die Frauen zum Schlag des Schiffchens das alte ladinische Lied, das jedem, der in diesem Hause geboren wurde, schon in der Wiege gesungen worden war. Leise summte er es vor sich hin:

»Nina naina, bell fanting	Nina nona, schönes Kind,
Ulà ie pa l'oma?	wo ist denn die Mutter?
Schung mulling	Unten an der Mühle,
A dô la farina.	um Mehl zu holen.
A fé la schufa	um das Müslein zu kochen
Al bel fantuling!«	für das schöne Kind!

Wie lange hatte er nicht mehr an dieses Lied gedacht! Und nun glaubte er zwischen den Strophen das rhythmische Schlagen des Webstuhles zu vernehmen. Unten hörte er Michele rumoren. Er sah zu, wie der Knecht den Mist auskehrte, grub die Fäuste in den Hosensack und sprach kein Wort. Erst als er sich zum Gehen wandte, sagte er wie nebenbei: »Die Erdäpfel müssen noch gehäufelt werden, Michele, und vergiß nit, daß der Bräunl, bevor sie ihn holen, ein neues Eisen braucht!«

Nun ging Dimai im Bogen um sein Haus herum. Genau besah er sich alles und jedes: ja, das Schindeldach war noch in Ordnung, das Gemäuer auch, sauber der schneeweiße Anstrich, glatt der Verputz, blank die Fenster, deren Leibungen in abgeschrägter, tiefer Verjüngung ins starke Gemäuer schnitten. Vor allen Fenstern standen in Töpfen und Kästen glührot blühende Geranien. Die Stunden eilten. Was hatte er alles noch tun und erledigen wollen! Aber er stand da, die Hände im Hosensack, als gehöre er schon nicht mehr zu den Menschen dieses Hauses.

Die beiden Frauen, Pia und seine alte Mutter, hatten in der Stube auf der Bank, die ringsum an den Wänden entlanglief, die Dinge ausgebreitet, die er in den Krieg mitnehmen mußte: weiße und bunte Hemden, wollene Socken und feste Unterwäsche. Ein Tabaksbeutel und drei Pfeifen zum Auswählen, die Fäustlinge und eine warme Kappe lagen bereit. Die Mutter hatte ein Gebetbuch hervorgeholt, das sie zu den anderen Dingen legte. Sie beugte sich tief nieder, weil ihr immer wieder die Tränen über die Wangen liefen. Pia war gefaßter. Was zu tragen war, was so viele Frauen tragen mußten, wollte auch sie tragen, ohne zu klagen. Florian sollte sich ihrer nicht schämen brauchen. Rasch füllte sich der kleine Soldatenkoffer mit den wenigen Habseligkeiten. Ein Laib Brot, hausgebacken, und ein großes Stück

aus dem Rauchfang geholter Speck wurden noch verstaut. Pia las die Inschrift, die mit weißen Buchstaben auf den schwarzen Koffer gemalt worden war: »Florian Dimai, 4. Rgt. Tir. Kaiserjäger, 1. Komp.«
»Es ist Zeit zum Kirchengehen!« sagte Dimai und trat in die Stube. Die Mutter brachte ihm den schwarzen Sonntagsrock. Pia band die zierliche seidene Schürze über den schwarzen faltigen Rock aus schwerer Seide und schlüpfte in die kurze Jacke, die eng anliegend über den Hüften abschnitt.
Alle Wege und Straßen waren voll von Menschen. Von Mortisa, von Cadin, von Staolin, sogar von den Almen kamen sie ins Tal herab. Einer der Burschen, die einrücken mußten, ritt hoch zu Roß daher. Er war guter Dinge, schwenkte den Hut und lachte übermütig, wenn er Bekannte und Freunde überholte. Er wolle den Gaul versaufen, bevor er in den Krieg ginge, meinte er. Andere schleppten schon ihren Soldatenkoffer mit. Das waren die, denen es nicht so schwerfiel, Abschied zu nehmen.
Die Glocken riefen zur Messe. Die Frauen traten in die Bänke auf der linken Kirchenseite; die rechte Hälfte war den Männern vorbehalten. Diese drängten durch die enge, halboffene Tür, nahmen die Hüte in die Hand, tauchten die Finger in das Weihwasserbecken und schoben sich in ihre Bänke. Das Hochamt war heute besonders feierlich.
Nach der Messe füllten sich die Gaststuben und Schenken. Die Männer kamen bald in Schwung, schlugen mit den Fäusten auf den Tisch und führten bereits heftig Krieg. Da und dort saßen Frauen und Mädchen verschüchtert zwischen den Männern. Sie hörten ohne viel Verständnis zu und machten traurige Gesichter. Gut, der Krieg war Männersache. Aber im letzten hatten doch die Frauen Elend und Not nicht weniger zu tragen.

Als Dimai mit Pia nach Hause ging, kam ihnen jemand nach.

Dimai wandte sich um.

Es war Franchetti. Er sah verändert aus. Noch niemals hatte Dimai den Conte so ernst gesehen.

»Da seid ihr!« rief er und streckte Dimai die Hände entgegen. »Ich muß in einer Stunde fort, zwar nicht einberufen wie du, Dimai, aber – in Bereitschaft, wie das bei uns Spezialisten so üblich ist. Schließlich gehört Italien zum Dreibund, und eure Feinde sind auch unsere Feinde.«

Dann wandte er sich an Pia.

»Wenn Sie meine Hilfe brauchen, Pia, ich werde immer für Sie dasein.«

Dimai drückte ihm herzhaft die Hand.

»Das nimmt mir eine große Sorge vom Herzen, Conte.«

»Der Krieg wird vorübergehen, Dimai. Alles geht vorüber. Dann werden wir wieder auf die Berge steigen. Ich habe den Pelmo nicht vergessen, Dimai. Über die Nordwand, einverstanden?«

»Einverstanden, Conte.« Dimai zwang sich zu einem Lächeln.

»Und jetzt, Dimai, addio!«

Er drückte ihm die Hand, wandte sich um und schritt den Hügel hinab.

»Was Franchetti sagt, das hält er«, meinte Florian ernst und blickte dem Conte lange nach. Dann traten sie in das Haus. Die Mutter hatte das einfache Mahl bereitet. Schweigend aßen sie. Doch dann sagte Dimai:

»Einen Löffel pack mir auch ein, Mutter. Ein guter Löffel ist schon ein halbes Essen.«

Ganz aufgeräumt schien er jetzt.

»Im Kalender hab' ich's vermerkt, Pia, wann die Bleß gerindert hat. Um Martini muß das Kalb dasein, und schau drauf,

daß die Bohnen nicht wieder verregnen und schwarz werden, und wenn der Rechen-Bartl kommt, so soll er zwei neue Rechen machen und die alten zähnen.«
»Ob man den Stall ausweißen soll, Florian?«
»Besser warten damit, bis ich wiederkomme!«
Dimai saß allein vor dem abgedeckten Tisch. Sonst stand er immer als erster auf. Dann stemmte er die Handballen fest auf und drückte sich in die Höhe, als fiele ihm das Aufstehen schwer. Er nahm den Holzkoffer, schloß ihn und wog ihn in der Hand.
Florian ging an der Küche, in der die Frauen werkten, vorbei in den Stall. Da lagen seine vier Kühe und die drei Kälber. Als er eintrat, drehten die Tiere die Köpfe herum, sahen ihn an, standen schwerfällig auf und reckten mit langen Hälsen ihre Köpfe über die Barren. Er blieb stehen und kraulte sie, wie Kühe es lieben, zwischen den Hörnern oder seitlich am faltigen Hals. Dann schob er jedem Tier ein Stück Brot zwischen die Zähne und ging zum Bräunl, der eine Extraportion bekam.
Doch die Zeit drängte.
Er mußte Abschied nehmen. Die Mutter weinte fassungslos. Dann raffte sie sich auf und zeichnete ihm mit zitternden Fingern das Kreuz auf seine Stirne, seinen Mund und sein Herz.
Pia begleitete ihn noch ein Stück weit auf den Weg. So waren sie beide vor einigen Monaten an ihrem Hochzeitstag ins Dorf gegangen: Hand in Hand, wenig hatten sie gesprochen und doch das gleiche gedacht, gefühlt – wozu Worte machen, wenn das Herz so überlaut spricht. Und nun war der Krieg, diese fremde Gewalt, in ihr junges Leben, ihre Liebe eingebrochen.
Bei der kleinen Kapelle zur »Schmerzhaften Muttergottes«, wo die Wege sich trennten, blieb Florian stehen. Ein Vater-

unser beteten sie, ein Ave-Maria und blickten auf die Gottesmutter hin, deren Herz die sieben Schwerter durchbohrten. Feldblumen schmückten das schlichte Bildnis.

Sieben Schwerter im Herzen – wieviel Leid und Schmerz wird dieser Krieg den Frauen bringen? Und doch hatte ihm das Gebet bei der alten, wohlvertrauten Kapelle das Scheiden leichter gemacht.

Pia sprach kein Wort, blickte ihn, die Lippen heftig aufeinandergepreßt, schweigend an. Wie anders Pia heute war! Wollte sie etwas vor ihm verbergen? Es war doch alles, was es zu sagen gab, zwischen ihnen ausgesprochen worden? Heftige Unruhe überfiel ihn.

»Was ist, Pia?«

Doch sie schüttelte nur den Kopf, versuchte zu lächeln, ein stummes, schmerzliches Lächeln.

Er sah, wie sie nach Worten suchte, wie sie vergebens mit sich rang, und dachte, es wäre der Schmerz des Abschiedes, der ihr das Sprechen so schwer machte.

»Nun muß ich gehen, Pia«, sagte er mit fester Stimme und küßte sie innig.

Sie schlang die Arme um seinen Hals und weinte. Doch sie verriet ihm mit keinem Worte, was ihr diesen Abschied so besonders schwer machte.

Er machte sich frei, indem er ihre Arme langsam und zart von seinen Schultern nahm, und ging den Weg hinab, den Weg, den er nun gehen mußte. Lange blickte sie ihm nach, und als sie ihn nicht mehr sah und seine Schritte langsam verhallten, ging sie zum Haus zurück. In der Stube setzte sie sich nieder und preßte die Hände vor das Gesicht. Erst jetzt sprach sie aus, was ihr Herz bewegte: »Ich durfte es ihm nicht sagen. Es hätte ihm den Abschied noch schwerer gemacht. Aber ich werde ihm später, wenn ich letzte Gewißheit habe, ins Feld schreiben, daß ich ein Kind erwarte.«

Noch nie waren die Straßen und Plätze so voll Menschen gewesen wie jetzt. Und es war gut für Florian, daß es im Ort so geschäftig herging. Das nahm dem Abschied das Schwere. Die Männer standen bei den Frauen und redeten und taten nicht viel anders, als wäre Wochenmarkt.
Die Burschen saßen noch in den Wirtshäusern und sangen. Sie sangen nicht schön, aber laut. Manche tranken auf offener Straße, hatten die Hüte mit den bunten Rekrutensträußchen in den Nacken geschoben und hatten rote Köpfe vom Wein, hielten Flasche und Glas fest in der Hand. Manche umspannten ihr Mädchen so fest mit ihrem Arm, als hätten sie Angst, es zu verlieren.
An der Ecke bei der Post, in den Steinrahmen einer Haustür gedrückt, stand Beni Tschurtschenthaler. Er war so jung, daß er noch nicht einmal Flaum über den Lippen hatte. Aber er war schon Soldat und gerade zum ersten Urlaub für die Ernte nach Haus gekommen. Vor zwei Wochen. Jetzt mußte er wieder weg, wenn ihn auch sein Mädel gar nicht fortlassen wollte. Hinter dem einen Ohr steckte ihm eine Nelke; hinter dem anderen eine Zigarette; blonde Haarschüppel fielen darüber. Das kleine schwarzhaarige Mädel war untröstlich. Es schmiegte sich ganz eng an Beni und legte die Hände wie beschwörend auf seine Brust, und ihre Tränen kugelten über die Uniform. Was sie miteinander sprachen, hätte ein zufälliger Lauscher wohl kaum verstehen können. Aber jeder weiß, was zwei junge Menschen miteinander sprechen, wenn sie Abschied nehmen. Und überdies war, was die beiden sich noch zu sagen hatten, ganz genau dasselbe, was an diesem 2. August 1914, oft um dieselbe Stunde, all die Tausend und Abertausende, die sich trennen mußten, einander sagten, einerlei, ob es deutsch, französisch, russisch oder sonstwie gesagt wurde.
Auf dem Kirchplatz hatten sich immer mehr Menschen ein-

gefunden. Ohne daß etwas kommandiert wurde, fanden sich die Ausziehenden zusammen, bildeten eine Reihe, trugen ihre Koffer herbei und stellten sie griffbereit neben sich. So schieden sich die, die da herumstanden, ganz von selbst in jene, die fortgehen mußten, und in jene älteren Männer, die zurückblieben. Der junge Kooperator aber, der ihnen zugesehen hatte, spürte, daß er eine besondere Aufgabe zu erfüllen hätte. So ging er rasch entschlossen mitten durch die Gruppen und stieg auf die hölzerne Burgerstiege in der Nähe des Kirchenportals hinauf. Wie die Menge den jungen Geistlichen barhaupt dort oben stehen sah, wurde es plötzlich still. Viele nahmen die Hüte ab.

Dann begann der junge Priester zu reden.

Er sprach, wie es ihm vom Herzen kam, zu den Ausziehenden wie zu den Bleibenden, nicht anders, als trüge er selbst den Soldatenrock und das Gewehr, als zöge er mit ihnen hinaus ins Ungewisse, und sprach doch wieder, als wäre er einer von denen, die zu Hause bleiben und ihr Liebstes hergeben müssen.

Beni Tschurtschenthaler stand mit seinem Mädel ganz nahe bei der Burgerstiege, neben ihm die Ladurnerbuben, die ebenfalls beide einrücken mußten. An Tschäms schmiegt sich weinend ein bildhübsches Mädel. Was doch dieser Tag alles offenbar machte!

Der junge Geistliche hob seine Stimme: ». . . und nun zieht hinaus mit starkem Herzen. Und so Gott will, werdet ihr zurückkehren zu euren Familien, in die Heimat, die auf euch wartet und die immer bei euch sein wird, wo immer euch das Schicksal des Krieges hin verschlägt.«

Dann schlug er das Kreuz über die Menge und segnete alle. Eine Weile noch standen die Männer unschlüssig da. Plötzlich kam von der oberen Straße ein Fuhrwerk. Venizius Alverà stand breitbeinig drauf und lenkte im Stehen die beiden

Gäule. Hinter ihm war der baumlange Debono zu sehen, der wie Alverà zum Landsturm gehörte und einstweilen noch zu Hause bleiben durfte. Debono hatte die Ziehharmonika umgehängt. Der Wagen war mit gelben und schwarzen und mit roten und weißen Bändern, mit frischen Latschen- und Lärchenzweigen geschmückt. Mitten durch die Leute fuhr der Wagen auf den Platz.
»Die Köfferchen aufladen, Mander«, rief Alverà, »ich fahr mit euch bis Toblach!« Tschäms warf als erster seinen Koffer drauf und schrie: »Juchhe! Gscheit hast du das g'macht!« Dann sprang er hin, wo die Frauen standen, ging auf eine zu und nahm ihr den großen Bauernombrell, das alte, rote Sonnen- und Regendach, aus der Hand: »Leihst ihn mir für eine Weile? Wann der Krieg aus ist, bring ich ihn dir schon wieder, vielleicht ganz gewiß!« – nahm den zusammengeklappten Schirm, sprang vor die marschbereiten Männer hin, hielt ihn wie einen Tambourstock hoch und kommandierte, daß es durch den ganzen Ort hallte: »Ganze Kom-panie, ganzes Badallion, gan-zes Regiment, ganze Arrmähh – habt acht! – In Doppelreihen rrrechts umm! Marrrsch! – Eins, zwei – eins, zwei.«
Und schon marschierten sie hinter Tschäms drein, der mit dem Schirm das Ganze so dirigierte, daß alles lachen mußte. Mit den Marschierenden setzten sich auch die übrigen in Bewegung, seitwärts gingen sie mit, rufend, mit Tüchern winkend, liefen voraus und hinterdrein – und auf einmal war keine Zeit mehr zum letzten Wort, zum letzten Gruß, zum Abschiedskuß. Ein Mädel hatte anscheinend das Wichtigste zu sagen vergessen, lief atemlos nochmals zurück und rief laut zu einem in der Kolonne hinüber:
»Sepp, und daß du mir fein treu bleibst und schreibst, wie es dir geht!«
Alverà bildete mit seinem Wagen den Schluß. Hochgetürmt

lagen die schwarzen Koffer drauf, lustig wehten die bunten Bänder.
Einer fing zu singen an. Aber es drang nicht durch. Ein anderer warf seinen Hut bei der »Croce bianca« fast bis zum Dach hinauf. Sie schrien und redeten so laut und durcheinander, daß man kaum hören konnte, wie schön Debono auf der Ziehharmonika den Radetzkymarsch spielte.
Ging das schnell! Jetzt waren die Marschierenden schon bald bei den letzten Häusern des Ortes. Noch immer gingen die Frauen, Kinder und älteren Männer mit, aber es wurden nach und nach weniger. Dann blieben sie links und rechts stehen, so daß sich ein Spalier der Zurückbleibenden bildete. Jetzt waren die Männer schon weit draußen. Die Spitze sang das Andreas-Hofer-Lied, nach dem es sich gut marschieren ließ. ». . . mit ihm sein Land Tirol.«
Dimai blickte noch einmal zurück. Dort oben, auf dem Lärchenhügel von Majon, stand sein Haus. Dahinter ragte der Cristallo auf und der Popena, und alle die herrlichen Berge standen im Kreise rundum wie treue Wächter. Doch düstere Sommerwolken schwebten gewitterdrohend über den hellen Gipfeln.
Hinter den Marschierenden wehte eine Staubwolke auf. Von fern hörte man sie das Kaiserjägerlied singen. Der Refrain kehrte immer wieder, ferner und ferner, leise verklingend, und blieb in allen Herzen:

»Mir san die Kaiserjäger
vom vierten Regiment . . .«

3

Himmel, war das in Bozen ein Betrieb! Die Stadt hatte über Nacht ein anderes Gesicht bekommen.
Feldgrau und fahnenbunt wimmelte es auf dem Waltherplatz, unter den Lauben, überall Soldaten, Soldaten.
Vor dem Bahnhof stand eine wartende Menge. Die Leute wußten immer, woher die Züge kamen: »Puschterer! Hoch, Pustertaler!« schrien sie. Der Zug aus dem Vinschgau: »Hoch, Vinschger!« Dann kamen Leute aus dem Süden an, aus dem Etschland und dem Weinland: »Hoch, Unterland!« – »Hoch, Überetsch!«
Musik holte die Ankommenden ein. Hinter der flotten Blaskapelle her zogen sie in die alte, mit Fahnen geschmückte Stadt, schrien sich heiser und schwangen die Hüte, riefen Bekannte an, lachten und sangen und freuten sich, daß sie da waren und daß es losging.
Über all dem Neuen und dem Jubel wurden Heimat, Hof und Frauen vergessen. Jeder spürte die Kameradschaft, die alle umschloß. Stark fühlten sie sich. Es kam ihnen vor, als wären ihnen plötzlich die Muskeln geschwellt und die Herzen, tapfer wollten sie sein und mußten es sein. Laut und rauh waren Gruß und Wort und Lachen.
Mit den Männern aus Cortina, Buchenstein und Enneberg waren auch die Brunecker, die Lienzer gekommen. Jedes Dorf, jede Stadt schickte ihre wehrhaften Männer. Das ganze Land war versammelt.

Mit jedem Schritt stieß man auf Freunde, Kameraden, oder man fand neue, mit denen man sofort vertraut war.
»Heh, bischt auch da?«
»Wo kimmst hin?«
»Was? Zur Artollerie? Geh, enk werd ma net brauchen!«
»Jager, ihr werdets no froh sein um uns!«
»Ja, Pescosta, Hansele, du aa? Wo steckst denn? Wo stehst ein? Als Einjähriger! Respekt!«
Nach Hof, Vieh, Feld – alldem, was sonst unter Bauern und Berglern als erste Frage gilt – fragte keiner, auch kaum nach der Frau oder der Zukünftigen.
Aber nach der Montur fragen sie alle. Es pressiert den Neuankommenden damit, denn in diesen Tagen gilt nur, wer Uniform trägt.
Hinter dem Oberjäger klappern sie noch als armselige Zivilisten treppauf, treppab durch die Magazine. Als frisch gebackene Krieger kommen sie heraus, mit funkelnagelneuen Blusen, Hosen, Marschstiefeln, mit Halstuch und Paradekragel. Und auf einmal ist der nimmer der Lerchetbauer und der nimmer der Zimmermanns-Noggler, sondern ist ein Zugführer, ein Korporal oder Unterjäger, und ein anderer ist Gefreiter. Die meisten aber sind Kaiserjäger und sind stolz darauf. Die Schützenschnur oder die Okkupationsmedaille von Anna Bosnien ist mehr wert als die schönste Kuh! Und die erste Löhnung im Vorschuß, die sie zugleich mit der Uniform gefaßt haben – hoho! –, das ist ein feines Geld!
Wird umgesetzt in Wein. Heut darf man noch. Heut soll man sogar. Heut muß man. Und so sitzen sie in den Gasthäusern und den Weinstuben, sitzen bei den Weinbauern, die ausgesteckt haben. Sitzen und diskutieren und strategieren, schlagen sich gegenseitig auf die Schultern und hauen auf den Tisch, schreien und reden, bis sie heiser sind,

und können nicht erwarten, der Welt, wie sie sagen, eine Haxen auszureißen und dem Feind alle zwei. Den Pratzen, den Fäusten, den Muskeln und den scharfen Schießaugen glaubt man's.
»Sakrawoll, wir Jager!«
»Teufel, wir Schützen!«
»Himmel, wir Berittene!«
»Hoho, wir von der Artillerie!«
Dann singen sie:

»Die Infanterie geht vor,
die Artillerie gibt Salven ab,
das ganze Jägerkorps
rückt an mit Sack und Pack.«

Sind die Stuben und Wirtshäuser voll, die Straßen sind noch voller. Und auch nachts wird die Stadt nicht leer. Heut fragt kein Hauptmann und kein Feldwebel danach, ob einer einen Fetzenrausch hat.
Morgen aber –!
Als die Sonne über dem Rosengarten aufsteigt, stehen sie schon in Reih und Glied auf dem Exerzierplatz, werden eingereiht, und dann kommt alles, was seit der Dienstzeit vergessen worden ist, das Antreten, das Ausrichten, das Schwenken, das Marsch – eins, das Gewehrexerzieren.
Bis zum Mittag weiß jeder seinen Platz im Glied, weiß, ob er Feldkompanie ist oder zum Marschbataillon kommen wird, kennt seinen Neben-, Vorder- und Hintermann, seinen Zugführer, seinen Feldwebel und auch schon seinen Leutnant.
Kall heißt der junge Leutnant, der den dritten Zug führt. Hat noch nicht viel geredet. Nur genau angesehen hat er sich seine Leute. Und sie ihn auch. Sie sind mit ihm ganz zufrieden. Kall ist aus dem gleichen Holz geschnitzt wie sie

selbst. Die aus Cortina haben Glück gehabt. Ihrer sechs sind in derselben Kompanie. Dimai hat zwei Sterne; denn er ist Unterjäger. Einen Stern hat der Staudacher als Gefreiter, auch der Stuffleser Leo. Keinen Stern hat Tschäms, der braucht auch keinen, ist auch ohne Stern ein Pfundskerl. Die beiden anderen, die Ladurnerbuben, der Klaus und der Albert, werden sich den Gefreitenstern schon noch holen. Nur eines wurmt Staudacher: sein schöner schwarzer Bart muß weg. »Rasieren!« hat der Oberjäger gesagt und mehr nicht.

»Wird schon wieder wachsen, der schöne Bart, droben in Galizien!« tröstet sich Staudacher.

Und am vierten Tag stehen sie regimentsstark am Waltherplatz. Vier Feldbataillone, vierzehn Feldkompanien. Die Jägerfahne mit dem blutroten Adler, die ruhmreiche, zerfetzte, weht über ihren Köpfen.

Dann schwören sie den feierlichen Soldateneid: ». . . zu Luft, zu Wasser und zu Lande – . . . zu leben und auch zu sterben für Gott, Kaiser und Vaterland!« – Die Trommeln wirbeln.

Und dann erklingt, bevor sie wieder ins Quartier marschieren, feierlich und getragen, das

»Gott erhalte,
Gott beschütze,
unsern Kaiser,
unser Land . . .«

Zwei Tage später werden sie in aller Frühe draußen auf dem Güterbahnhof einwaggoniert. »Vierzig Mann oder acht Pferde.« In sechzig Viehwagen werden sie verpackt. Viermal rollen sechzig graue Bretterkäfige vorbei. »Vierzig Mann oder acht Pferde.« Manchmal stecken auch fünfzig Mann drinnen, zehn Pferde.

Ein Personenwagen ist gleich hinter der Lokomotive. Darin sitzen die Offiziere.

In den offenen Schiebetüren stehen die feldgrauen Jäger, zwischen ihren Beinen hockt eine zweite Reihe, und auf dem Trittbrett sitzt manchmal noch eine dritte. Sie stehen oder sitzen, lassen die Beine aus dem langsam nach Norden fahrenden Zug baumeln, rauchen ihre Pfeifen, spucken in die Gegend und sind vergnügt. Die Frage ist: Galizien oder Serbien?

»Nach Serbien lohnt es für uns Jaga net. Uns brauchen sie für das größere Geschäft mit den Russen.«

»Dös glaub i net. Auf uns warten die Komitatschi? Nach Belgrad geht's.«

»Nix wißt ihr alle miteinander«, wirft Tschäms dazwischen. »Soll i enk sagen, wohin es geht?«

Da spitzen sie die Ohren.

»So red endlich, Tschäms! Wo geht's hin?«

»Nach Brixen!«

Das stimmt wirklich; denn schon taucht die alte Bischofsstadt vor ihnen auf. Alle lachen.

Dimai, der sich auf den Querbalken stützt, der vor die offene Tür gelegt ist, lacht nicht mit. Ihn beschäftigt ganz, was er vom rollenden Zug aus sieht. Er kennt jede Einzelheit: die finsteren, rot-schwarzen, zerrissenen Porphyrschluchten, die Burg Karneid, dann hoch über Waidbruck auf dem Fels die Trostburg, die überdachte Holzbrücke, die den weißgrün schäumenden Eisack überspannt, das alte Klausen und Kloster Säben darüber. – Steil steigen die Hänge zu Bergen an. Hinter Bozen hatten sie noch Wein getragen, den letzten Wein des Südens. Da und dort stehen noch Kastanien und Nußbäume breitkronig und dickstämmig auf den Hügeln. Buschwerk kräuselt die steilen Talflanken.

Er wartet auf den Augenblick, wo vor Brixen noch einmal

die Dolomiten auftauchen, die Fermeda, der Sass Rigais, die Furchetta, alle die stolzen Türme der Grödner Dolomiten. Nur ein rasches Vorüberhuschen ist es. Aber Dimai greift mit dem Herzen nach den Felstürmen, als müsse er sich daran klammern. Ihr Berge, denkt er, Tofana, Pelmo, Cristallo, wann, wann seh' ich euch wieder? Und von den Bergen gehen seine Gedanken heim zu seiner jungen Frau, zu Pia.

Geschrei riß ihn aus dem Sinnen und Schauen. Die Brixener Artilleristen standen in Gruppen auf den Rampen und luden ihre Kanonen auf die Loren. Die Lokomotiven fauchten schon unter Dampf.

Über den Brenner keuchten die schweren Züge und fuhren dann rascher hinunter in den rauheren, kälteren Norden. Tirol – wie schön, wie vielfältig war dieses Land! Das Herz hing daran. Innsbruck! Die ganze Stadt war zu den Zügen geeilt, um die Kaiserjäger zu verabschieden. Geschrei, Jubel, Musik!

Und die Züge rollten und rollten. Rollten noch immer zwischen grünen Bergen dahin. Die grauen Schroffen des Karwendels grüßten, der »Wilde Kaiser« tauchte auf, zwischen den »Steinbergen« ging's in engem Tal durch, bei Saalfelden starrten die Mauern des »Steinernen Meeres« herab.

»I muß an unsere Berge daheim denken«, meinte der Bäcker Albert. »Schaut der Pomagagnon nicht fast genauso auf Cortina herunter wie das ›Steinerne Meer‹ auf Saalfelden?«

Dimai nickte. Er kannte alle diese Berge. Dann und wann erklärte er den anderen: »Da geht's zum Großglockner hinauf – da links ist der Hochkönig . . .«

In Salzburg durften die Jäger aussteigen.

Auf einer Rampe standen riesige fahrbare Kessel. Sie

dampften und rochen nach Gulasch und Kartoffeln. Es gab gestrichene Menageschalen voll. Wer wollte, konnte noch einmal fassen.
Weiter ging es. Eine Nacht lang rollten sie dahin. Linz. Wien.
»Wien hab' ich mir anders vorgestellt«, murrte Staudacher. »Das soll die Kaiserstadt sein?«
»Das net«, meinte Dimai. »Das ist bloß Hütteldorf-Hakking.«
Aber es war doch Wien.
Gegen Morgen fuhr der Zug auf Nebengleisen an Wien vorbei. Überall wurden Truppen verladen. »Serbien muß sterbien«, hatten sie mit Kreide an die Wagen geschrieben. Oha, die da drüben kommen also nicht nach Galizien!
Und wieder ein Tag, eine Nacht! In den Ecken auf dem Boden, auf den wackelnden hineingestellten Holzbänken schliefen die Kaiserjäger.
Nach Ungarn ging's hinein.
Preßburg, Budapest.
Budapest, das war das Wahre! Richtig auf dem Bahnhof hielt der Zug, wie ein Zug mit Vergnügungsreisenden. Rot-weiß-grün flatterte es an allen Ecken und Enden. Sogar die jungen Mädchen waren rot-weiß-grün gekleidet. »Eljen, Kaiserjäger!« riefen sie. Zwei Stunden durften sie durch die Stadt promenieren. Die Feldflaschen wurden mit Wein gefüllt, die Taschen mit guten Sachen vollgestopft, und Tschäms, der rothaarige, hängte sich einem ungarischen Mädel in den Arm.
Dann aber ging es aus dieser letzten Friedensherrlichkeit hinaus. Keine Berge mehr, so weit das Auge reichte. Durch weite Ebenen rollte der Zug dahin, eintönig ratterten die Räder und schläferten ein. Hoch stand der gelbe, wogende Weizen. Frauen, bis zu den Schultern im Korn, schnitten es

mit blanken Sicheln. Sie rissen die bunten Kopftücher von den Köpfen und winkten den Soldaten zu.
Heiß, heiß waren die Tage. Unter den Waggondächern kochte es, daß der Teer ins Wageninnere tröpfelte. Unbekannte Städte. Kaum daß man die Namen buchstabieren konnte: Püspöknyregyhaza.
Fünf Tage lang waren sie quer durch die österreichisch-ungarische Monarchie gerollt.
Jetzt ging es über die Karpaten.
In der Nacht schnupperten die Jäger mit Nasen, Augen und Ohren aus den Wagen. Sie wußten, jetzt mußten sie bald am Ziel sein. Sie schnupperten, ob man vom Krieg etwas röche. Aber hier in Galizien war noch tiefer Friede. Kein Schuß, kein noch so ferner Kanonendonner.
In Rudki war die lange Fahrt zu Ende. Am 13. August 1914, um zehn Uhr vormittags.
Dann wurde marschiert. Im heißen, tiefen Staub ging es voran, den Tag über durch . . . czyce und . . . ticze, weiß der Teufel, wie diese Nester hießen. Die Mädchen sahen genauso aus wie überall, hatten weiße Kopftücher und lachten. Auch ihnen gefiel einstweilen der Krieg ganz gut und diese fremden Männer auch.
Abends war man am Ziel, in Baranczyce. Man schlief in Scheunen, Strohmieten, in Betten. Und wieder wurde marschiert. War das schon der Krieg?
Keiner von den Männern wußte, was der Krieg eigentlich war. Der letzte Krieg war 1866 gewesen, »als der Großvater noch jung war!«. Keiner war unter den Männern, der diesen Krieg miterlebt hatte. Sie alle kannten den Krieg nur vom Hörensagen, aus der Überlieferung. So hatte er es leicht mit ihnen.
Das 14. Korps war marschbereit. Bei der großen Feldparade am 18. August, dem Kaisertag, hatte man die neuen Edel-

weißsterne an der Kappe und sah zum erstenmal den Korpskommandanten: den Erzherzog Joseph Ferdinand. Außerdem gab's Extramenage und Zubußen.
Dann marschierte man wieder, heute, morgen, übermorgen. Wie im Manöver. Ein neues Wort kam auf: »Tschechern.« Sie »tschecherten« nun schon den fünften Tag. Sie haben dann noch Jahre »getschechert«.
Bald kamen den Truppen lange Transporte von Flüchtenden entgegen. Auf Karren gebündeltes Elend. Viele weinende Frauen hoch oben auf der Habe kauernd. Manchen Wagen zogen kleine, hungrige Pferde. Vor die meisten Karren hatten sich Männer gespannt, alte Männer. Steinalte mitunter. Manchmal auch barfüßige Buben.
Dann hörte man, es ginge gegen Lemberg. Dort sollte es verdammt heiß hergehen.
Aber noch immer hießen die Orte . . . tycze und . . . wicze. Tschäms, der blasse Bäcker Albert und sein Bruder übten lange, bis sie sagen konnten, wo man gestern und vorgestern genächtigt hatte: Niechowicze, Szeszesowicze, Dytiatycze.
Dann hieß es: Kosaken treiben sich herum. Mit langen Lanzen. Spießen jeden auf.
»Uns net!« sagten die Jäger.
Gott sei Dank kamen keine.
In der Nacht fielen die ersten Schüsse. Aber weit und breit kein Feind.
Nur die Mädchen wurden feindlicher, abweisender, seltener. Bald ließen sie sich überhaupt nicht mehr sehen. Und die Männer waren auf einmal hinterhältig und unfreundlich.
»Kein Wasser trinken! Brunnen vergiftet!«
Hinter Grodek ging's weiter nach Norden. Lemberg liegt dort rechts, hieß es. Noch marschierte man im eigenen

Land. Wieder hieß es: die Kosaken! Man spürte, witterte den Feind.
Im großen Wald an der Rata standen die Zelte.
Als aber am Morgen zusammengeblasen wurde – man wußte noch nicht, warum und wozu – und man sich exerziermäßig ohne Waffe ordnete und lange wartete, wie das beim Militär so üblich ist, als dann auf einmal der Feldkurat auf einen Wagen stieg und zu reden anfing – man verstand nicht jedes Wort, sondern nur das eine oder andere: »Mit eurem Blute beschirmen – bis zum letzten Atemzug – in wenigen Stunden vielleicht vor dem Richterstuhl Gottes –«, da wußte jeder, wieviel es geschlagen hatte.
Dann erteilte der Feldkurat den Männern die Generalabsolution.
»Letzte Post geht ab. Feldpostkarten fassen! Nach Hause schreiben!«
Sie saßen im Wald unter den grünen, schattigen Buchen und schrieben ihre Feldpostkarten. Sie schrieben: »Menage gut, noch keinen Feind gesehen, alles sehr fidel. Was macht die braune Kuh? Der Kartnaller Louis ist auch da . . .«, obwohl sie eigentlich schreiben wollten: »Wer weiß, ob ich morgen noch leb'.«
Florian schrieb nur wenige Worte an Pia. »Jetzt hab' ich gesehen, wie groß die Welt ist und wie weit ich von dir fort bin. Hier gibt es keine Berge mehr. Mit Bergen wäre alles leichter. Ich denke an dich und grüße dich und die Mutter aus fremdem Land . . .«
In glühender Sonnenhitze stapften die Regimenter durch knöcheltiefen Sand und Staub vorwärts. Da gab es vorn eine Stockung. Nur kurz. Im Marschieren schauten alle rechts, was es da wohl Besonderes gäbe. Da lag ein Honved-Infanterist, von einer Kosakenlanze durchbohrt, lag mit blutüberronnenem Gesicht, weit offenen Augen und verzerr-

tem Mund. – Der erste. In der Nacht stolperte man durch finstere Wälder, die so schwarz waren, daß man wie in einem Sack drinnen steckte. Die Jäger faßten sich einer hinter dem anderen an, damit keiner abirre. Todmüde, mit bleiernen Gliedern, sanken sie nieder. Es war der 28. August.
Man hatte eine Sumpfniederung erreicht. Solokija. Noch immer sah man nichts vom Feind. Aber man wußte, dort drüben hinter den Dörfern – Korczow, sagt der Fähnrich, und Wasylow – lagen die Russen.
Ein fernes, dumpfes Rollen, wie aufziehendes Gewitter, kündete das Kommende an.
Die Fahrküchen fuhren auf. Mitten in den ersten Bissen hinein platzte der Ruf »Alarm!«. Sie steckten die Löffel schon im Laufen in die Brusttasche. – Noch ging alles, wie man es in drei Dienstjahren gelernt hatte. In Schachbrettform rückten die Kompanien vor, die Offiziere und Fähnriche mit gezogenem Säbel voraus. Man patschte in Sümpfe, stolperte durch Kartoffeläcker. Dann gingen sie auf Befehl in Schwarmlinien auseinander, ganz wie im Manöver.
Vom Feind keine Spur. Ein kleines Dorf träumt in der frühen Sonne zwischen leichten Hügeln. Friedliche Wälder liegen wie stille Inseln im Feldgrün, menschenleere Wege und kleine Straßen. Über die Äcker geht es vorwärts.
»Schau, da sind die Erdäpfel schon zeitig!« sagt einer.
Die Schwarmlinien rücken vor. Wenn sie eine Hügelhöhe erreichen, sehen sie, daß die vorgehende Linie unendlich weit ist. Hügelauf, hügelab, unabsehbar, Mann an Mann, tritt eine endlose Kette von Menschen einem unsichtbaren Feind entgegen. Die eigene Artillerie – die Brixener sind's – brüllt über ihre Köpfe hinweg. Die Beine stolpern durch Ackerfurchen und welkes Kartoffelkraut.
Winzige, runde, weiße, schnell wachsende und dann vergehende Wolken hängen auf einmal vorne in der Luft. Dann

schlägt ein neuer Ton an ihre Ohren: »Schrapnells«, rufen die vorderen Schwarmlinien, »russische!«
Näher hängt die nächste Wölkchenkette. Aber noch gucken die Männer in kindlicher Neugier auf die Wolken, die so unschuldig wie Sommerschäfchen unter dem seidenblauen Himmel schwimmen.
Und dann fährt eine Lage mitten unter sie. Krepiert mit Höllengetöse, speit Tod und Eisen. Die ersten sinken zusammen, brüllen auf, sind still. Teufel, was war das?
Das ist der Krieg!
Der Stuffleser Leo ist der erste Tote des Zuges. Ein paar Schritte neben Dimai hat es ihn getroffen.
»Leo!« ruft Dimai zurück. Es bleibt keine Zeit, sich umzusehen. »Leo . . .«
Ein Kommandowort geht durch die Reihen: »Feind vorn auf den Hügeln! Aufsatz achtzehnhundert, Feuer!«
Mann aufs Korn nehmen geht nicht. Aber die Salven sitzen doch. In die schwarze Punktreihe dort drüben kommt Bewegung. Jetzt schauen die vielen Pünktchen nimmer aus wie hockende Dohlen an einem Ackerrand. Man weiß nun, wie der Feind wenigstens von weitem aussieht. Eine russische Gewehrsalve braust über die Schwarmlinien. Die Jäger ziehen ihre Köpfe zwischen die Schultern. Irgendwo tackt ein Maschinengewehr in den vorgehenden Flügel hinein. Ein abgebrochenes Hornistensignal dazwischen.
Leo! muß Dimai denken. Der Stuffleser Leo kommt nicht mehr heim. –
Sprung auf! Marsch! Marsch! Kaum noch einen Feind gesehen und schon mittendrin! Dimai springt, läuft, wirft sich hin, schießt einen Rahmen aus, stößt einen neuen ins Gewehr, läuft, schießt. Neben ihm tun alle das gleiche. Hie und da zuckt einer zusammen, läuft mechanisch noch ein paar Schritte, torkelt zur Erde und rührt sich nicht mehr. Dimai

sieht, wie vorne der Fahnenträger mit der Tirolerfahne in die Knie bricht, hört im Krachen und Schmettern der Geschosse die Signale der Hornisten. Manchmal recht falsch geblasen, aber sie reißen ihn und tausend andere vorwärts.
Ein Russe mit zerfetztem Schädel liegt vor ihm. So schaun sie also aus, die Russen. Dort wieder einer!
Hier haben die Russen die Erde aufgegraben. Hineinspringen! Ein Maschinengewehr packt sie von der Flanke. Himmel, wie die Leute fallen.
Jetzt stürmen die Jäger in langer Einzelreihe hintereinander durch den Graben. Drüber, drauf und durchs Feuer, den anderen nach, Zähne zusammenbeißen, stürmen, stürmen.
Sturm auf die Hügelkuppe! Bajonette blitzen in der Sonne. Russen in langen, dicken Mänteln strecken waffenlos die Arme hoch. Was anfangen mit ihnen? Weiter, weiter!
Eben war Staudacher noch neben ihm. Wo ist er geblieben? Da liegen Tote. Jäger. Ein paar Russen mitten darunter. Die Haubitzen werden sie erwischt haben. Hoffentlich nicht Staudacher! Und die Ladurnerbuben, wo sind sie?
Wieder ein Graben. Geborsten sind die frischen Erdwände. Fußtief steht Wasser im Graben. Das Wasser ist blutrot. Dazwischen schreien welche, daß Gott erbarm. Patronen liegen an anderer Stelle hoch wie Schotterhaufen an der Straße. Kupferkessel, Monturstücke, Gewehre.
Der Tag ist älter geworden. Aber noch tobt die Hölle weiter. Die Jäger stürmen noch immer. Herrgott, wieviel Kilometer haben sie wohl schon auf diese Weise hinter sich? Stürmen, schießen, stürmen.
Auf einmal hat der Nebenmann, der mit Dimai in einem Granatloch liegt und ein bißchen ausschnauft, statt der vertrauten grünen Aufschläge orangerote. »He, Unterjäger, wie kimmst denn du daher«, fragt der Salzburger, »so mitten unter uns Neunundfünfziger hinein?« Das ganze Korps

ist ja durcheinandergekommen. Von seinen Viererjägern hat Dimai schon lange keinen mehr gesehen.
Die Dunkelheit ist eingebrochen. Geht der Krieg auch in der Nacht weiter? Wo ist der Feind geblieben? Die paar Menschen, die da knien und die Hände hochheben und sich ergeben, das kann doch nicht der ganze Feind gewesen sein.
Jetzt sind nur noch ein paar von der zweiten Kompanie bei ihm, die er nicht kennt. Und vier Salzburger. »Habt ihr noch Munition?« fragt einer.
»Alles verschossen!«
Hurragebrüll! Sie stürmen noch einmal vor. Um eine niedere Hügelkuppe herum. Es geht um eine russische Batterie.
Von ferne kommt ein Signal: »Halt!« – »Das Ganze halt!«
Was noch lebt, sammelt sich hinter den Munitionswagen.
Es ist Nacht geworden. Müde liegen die Männer hinter der eroberten Batterie. Sie strecken sich auf die noch tagwarme Erde. Schlafen, vergessen, endlich vergessen.
Dimai kramt in seinem Brotsack. Er hat noch immer ein Stück Speck darin. Wie das schmeckt! Das ist Leben. Leben, denkt Dimai – dieses Wort hat einen neuen Sinn bekommen.
Er denkt an die Männer seines Zuges.
Die Salzburger sammeln sich.
Vom dritten Regiment kommen nach einer Weile ein paar Jäger auf Dimai zu. Vier von der ersten Kompanie. Einer mit einem Armschuß. Gemeinsam schreien sie ins Dunkel hinein: »Jäger! Sammeln!«
Nach einer Stunde ist eine halbe Kompanie beisammen. Aus vier verschiedenen Regimentern, aus etwa zehn Kompanien.
Am Morgen findet Dimai endlich sein Bataillon wieder, das heißt, das, was von dem Bataillon übriggeblieben ist. Es ist

nicht mehr viel. Dimai wagt nicht zu fragen. Dann aber rafft er sich doch auf.
»Staudacher?«
»Lebt.«
»Die Ladurnerbuben?«
»Da weiß man nichts.«
»Und Tschäms?«
Dimai hält den Atem an.
»Der hat etliche Russen und acht abgekragelte Gänse dahergebracht.«
»Gott sei's gedankt!«
Am Morgen wußte man es: der Major tot, drei Kompaniekommandanten, fast alle jungen Offiziere – das schöne Bataillon.
Für alle war es die erste Schlacht, für viele die letzte.
Nun wußten sie, was Krieg ist.

4

Vorwärts in den neuen Tag!
Er enthüllt erst ganz das Grauen der Schlacht. Tod, Trümmer und Ruinen, Gefangenentrupps und schleppende Sanitäter, zerwühlte Erde, zerfetzte Bäume, zerstampfte Frucht. Blut, das hell in Lachen steht oder schwarz in den Sand gesickert ist.
Seit Sonnenaufgang brüllen wieder die Geschütze.
Die russische Grenze ist überschritten. Man kämpft und marschiert, stürmt, schießt und wundert sich, daß man selbst noch lebt.
Die ersten Marschbataillone treffen ein. Ersatz aus der Heimat. Diese Männer erleben heute, was die Feldbataillone vor Tagen erlebten.
Um Lemberg und Komarow tobt die Schlacht. Die Russen sind geschlagen, über den Bug zurückgeworfen.
In der Nacht zum 7. September überrennt das Bozner Regiment ein russisches Divisionslager, bringt zwei Generäle, tausend Mann und ein Dutzend Geschütze ein und stürmt weiter, stürmt blind und tapfer in den Tod hinein.
Die Russen setzen zum Gegenstoß an. Sie haben mehr Menschen als wir. Das entscheidet. Sechs Tage lang kämpfen sich die Reste von vier stolzen Kaiserjägerregimentern verblutend zurück. »Adler, Tiroler Adler, warum bist du so rot?« Lemberg ist verloren. Die Russen sind eingebrochen, überfluten Galizien und die Bukowina.

Drei fürchterliche Wochen lang geht es Tag und Nacht zurück nach Westen, über den San, über die Wisloka. Tagelang gibt es keinen warmen Bissen. Die Reserveportionen sind längst aufgezehrt. Die Dörfer leer. Verrat und Meuchelmord lauern überall.

Sie marschieren im strömenden Regen. Die Nachhut schlägt sich verzweifelt mit den nachdrängenden Russen herum. Endlich ist das Schlimmste überstanden. Sechshundert Kilometer marschiert. Nun heißt es: »Halt!« Das heißt: Rast, Schlaf, endlich Ruhe.

Die Männer aus Cortina, aus Sexten und Gröden, aus dem Pustertal und Enneberg, die Dimai führt, sind trotz aller Not gut durchgekommen. Fest haben sie zusammengehalten, haben Hunger und Essen geteilt, haben requiriert und gebraten, Pferdefleisch aufs Bajonett gespießt und über dem Feuer gedreht und haben, wo es nur ging, gespielt, »watten« und »perlaggen« auf gut tirolerisch, oft sogar noch in den Alarm hinein, wenn einer gerade die Fäuste voller Trümpfe hatte. Tschäms muß man dabei immer auf die Finger sehen, der schwindelt, was das Zeug hält.

Jetzt liegen sie in Plesna im Quartier und machen sich schön, so schön, daß Tschäms es bedauert, weil es, wie er sagt, eigentlich keinen Zweck hat; denn noch hat er nichts Weibliches entdeckt.

Aber etwas anderes reißt die Männer aus ihrer Ruhe: Post!

Wie! Das gibt es noch? Post von daheim!

Daheim – sie haben in diesen schrecklichen Wochen und Monaten, da sie ganz auf sich selbst gestellt waren und nur mehr in ihrer Kameradschaft lebten, fast vergessen, daß es für sie noch ein Daheim gibt. Und plötzlich – ein paar Briefe, mit ungelenker Hand geschrieben – und mit einem Male wird die Heimat wieder lebendig. Die Briefe lesen sie einander vor, erzählen sich die Neuigkeiten, die es daheim gibt, kleine Dinge, kleiner noch, wenn man sie von dem großen Welttheater aus betrachtet, in dem sie mitten drinnen stehen, und doch hängt ihr ganzes Herz daran.

»Zugführer Dimai!«

Die Postordonnanz reicht ihm den Brief.

Dimai nimmt ihn an sich. Er sieht die Schrift auf dem Kuvert, Pias saubere, klare Schrift, der man freilich die Schulzeit noch anmerkt.

»So mach den Brief schon auf!« fordert Tschäms ungeduldig, der schon drei Briefe bekommen hat, jeden von einer anderen, dann noch einen vierten von Rosetta, der richtigen Braut. Aber Dimai wehrt den Ungeduldigen ab. Er hat Geduld. Für ihn ist der Brief, einerlei, was drinnen steht, als stünde Pia neben ihm.

Und er will dabei allein sein.

Gut, daß es in der Gegend von Plesna soviel Wald gibt. In der Einsamkeit des Waldes läßt er sich nieder und liest Pias Brief.

Sie hat es mit dem Schreiben sehr genau genommen. Acht Seiten lang, klein geschrieben, ist der Brief geworden. Und nichts hat Pia zu sagen vergessen, daß die »Bleß« gekälbert hat, ein gesundes Stierkalb, daß der Bräunl noch daheim ist und Michele, der Knecht, auch, daß der Schluderbacher beim Grummet fest mitgeholfen hat und die Mutter auch, ja, die Mutter ist schier wieder jung geworden, weil soviel Arbeit für sie zu tun ist. Gesund und rüstig ist die Mutter, und wäre noch besser beisammen, wenn nicht die Sorge um ihn wäre. Von allem erzählt ihm Pia, nur nichts von sich selbst. Auf der letzten Seite, ganz am Rande – als Florian das erstemal den Brief gelesen hat, hat er es völlig übersehen – ». . . und eine gute Nachricht hab' ich auch für dich«, steht da, so, als hätte sich Pia überlegt, ob sie dies schreiben soll oder nicht. Eine gute Nachricht? überlegt Dimai. Was kann es schon in dieser furchtbaren Zeit für eine gute Nachricht geben?

Plötzlich fällt es ihm wie Schuppen von den Augen.

Daß wir Männer nur an Krieg und Tod denken – die Frauen aber hüten das Leben!

Pia – er weiß sich kaum zu fassen vor Glück. Leibhaftig sieht er sie vor sich. Während er kämpfen und töten muß, wächst daheim ein neues Leben.

Jetzt versteht er auch, weshalb Pia beim Abschied so sonderbar gewesen ist. Sie wollte ihm das Herz nicht noch schwerer machen.

Sorgsam faltet er den Brief zusammen. Aber in ihm ist so viel Freude, daß er sie mit seinen Kameraden teilen muß. Als er ins Quartier zurückkommt, läuft ihm Tschäms über den Weg.

»Tschäms!«

Da baut sich der rotschopfige Tschäms vor ihm auf.

»Etwa eine Neuigkeit?«

»Ja, Tschäms, eine große Neuigkeit: Ich krieg ein Kind!«

»Du?« lacht Tschäms. »Warst am End schon beim Doktor? Hört, Mander, der Florian kriegt ein Kind! Jetzt kriegen wir Mannsleut auch schon Kinder? Oder kriegt es am End doch deine Frau?«

Drei Flaschen Wein, vom besten, der zu haben ist, will Tschäms auftreiben. »Und es soll leben, das Kind, das noch gar nicht auf der Welt ist und von dem Florian noch nicht einmal weiß, ob er es kriegt oder seine Frau!«

Unvergeßlich die paar ruhigen Tage von Plesna.

Es blieben allerdings nur Tage. In der folgenden Woche ging es wieder in den Kampf.

Mit der Eisenbahn ist man schon lange nicht mehr gefahren. Jetzt rollen wieder die Züge. Es geht den verschneiten Bes-

kiden entgegen. Zwei Tage lang. Dann ist es aus mit den Erinnerungen an die letzte Fahrt über Budapest. Die verfluchte Gegenwart regiert wieder. Das alte Angriffsfieber flackert auf, fast zum Wahn gesteigert. Das mitreißende »Vorwärts«, das »Hurra«, das »Rajta« der Honveds ist eine stärkere Waffe als die fehlende Artillerie. Es triumphiert noch einmal das alte Fußvolk.
Nach der blutigen Schlacht von Limanowa-Lapanow stößt man weiter bis an den Dunajec vor. Die edelweißgeschmückten »Blumenteufel«, wie sie nun heißen, feiern das erste Weihnachten im Felde.
Es folgen ruhigere Wochen. Ruhr, Typhus, Cholera sind die neuen Feinde. Die Jäger haben sich am Dunajec eingegraben und warten auf das fünfte, sechste und siebente Marschbataillon. Doch als man um diese Zeit die Nasen witternd in die Luft steckte, um den Frühling zu suchen, der dem Kalender nach schon eingetroffen sein mußte, rollten die Transportzüge wieder, und ein paar Tage später lagen die Jäger in den Waldkarpaten, kämpften und froren und erwarteten Ostern. Ein Glück, daß Leutnant Kall wieder bei der Truppe eintraf, nachdem der Steckschuß, den er in Lapanow erhalten hatte, ausgeheilt war. Er kam gerade recht, um seinen Jägern Auszeichnungen an die Brust zu heften. Dimai erhielt die silberne, Staudacher und Tschäms bekamen die bronzene Tapferkeitsmedaille. Noch am gleichen Tag ließ sich Tschäms fotografieren und schickte das Bild seiner Braut Rosetta, die nun Gelegenheit hatte, die Medaille unter seinem fuchsroten Kriegsbart zu bewundern. Die Ladurnerbuben gingen leer aus.

Als der Mai kam und der letzte Schnee auf den Hängen schmolz, wurde die Front lebendig. Vier Stunden lang trommelten die Geschütze, wie man es noch niemals erlebt hatte. Dann brachen die Jäger los, überrannten die russische Stellung am »Hufeisen« und zerschlugen bei Tarnow und Gorlice die feindliche Front.

Hunderttünfzigtausend Russen wurden aus den Wäldern geholt, gefangengenommen und nach Ungarn abgeschoben.

Aber schon wieder heißt es: Marschieren. Wieder wird bis zum San durchgestoßen. Schulter an Schulter mit den Deutschen, heute abgelöst von ihnen, morgen diese ablösend. Und steht wieder dort, wo man vor einem halben Jahr gekämpft hat. Und wieder sengt und brennt die Hitze, Trinkwasser fehlt. Die Munition wird knapp. Die russischen Scharfschützen hocken droben in den Bäumen. Kämpfen, marschieren, kämpfen! Da seufzt selbst Dimai auf: »Ja, ja, die höheren Gewalten!«

Post gibt es selten. Und wenn einmal eine Ansichtskarte kommt – diesmal eine mit dem Monte Cristallo –, dann sind sie alle still und schauen lange das kleine, bunte Bild an, und Tschäms nagelt die Ansicht vom stolzen Cristallo an die trostlose Wand des Unterstandes. Florian Dimai liegt schlaflos, trotz Elend und Müdsein, und denkt wie im heißen Fieber an zu Hause. Pia – keine Nachricht von ihr. Doch daran ist nur die Post schuld. Er hat Pia doch geschrieben, wie sehr er sich über ihre Nachricht gefreut hat, ja, daß ihm das Leben seither doppelt so wert geworden ist. Aber um ihn ist nur der Tod.

Zu Pfingsten, als man bei Novosielce im Sandschilf lag, sah es aus, als ginge die Hölle von neuem los. Man hörte, wie bös es bei Przemysl stand und erwartete einen neuen Vorstoß der russischen Armeen. Doch nichts geschah.

Aber irgend etwas war im Gang. Das spürte jeder. Gestern war der Erzherzog vorne, neue Kommandanten kamen, die Offiziere wurden ein paarmal am Tag nach hinten gerufen

und gegen Abend sogar die Unteroffiziere zu einem besonderen Appell befohlen.
Im Unterstand rührte sich heute nichts. Pfingsten? Kaum dachte jemand daran. Selbst Tschäms hatte schon seit langem keinen Witz mehr gemacht. Das war ein böses Zeichen. Gesungen wurde auch nicht mehr, und zum Kartenspiel mußte man die Partner mühsam suchen.
Zugführer Dimai kam vom Appell zurück. Die Männer rührten sich nicht, als er in den Unterstand trat. Was sollte es schon Neues geben? Es gab nichts mehr, was sie bewegt hätte. Dimai hockte sich in dem dumpfen Unterstand nieder. Dann sagte er in merkwürdig trockenem Ton: »Italien hat den Krieg erklärt!«
Einige hoben den Kopf. Aber keiner sagte etwas dazu. Selbst dazu waren sie zu müde, zu ausgebrannt.
Nur Tschäms springt auf. »Hurra!« schreit er, und noch dreimal »hurra!«. Und wie sie auf Tschäms schauen, ob er denn irrsinnig geworden wäre, schlägt er sich mit der flachen Hand auf den Schenkel: »Sakrawoll, mit den Italienern sind wir noch mehr wie die Russen. Jetzt gewinnen wir den Krieg! Hurra!«
»Du Trottel! Italien hat *uns* den Krieg erklärt, nicht den Russen!«
»Uns?« Tschäms bleibt das Wort im offenen Munde stekken.
»Uns – das heißt ja ...«
Keiner spricht den Satz zu Ende. Aber sie alle, die Männer aus den Bergen, denken jetzt das gleiche:
Wenn Italien Österreich den Krieg erklärt hat, werden die Dolomiten Kriegsgebiet; denn die italienische Grenze ist nur wenige Kilometer von Cortina entfernt.
»Und der Dreibund?« fragt einer. Er fragt bloß, weil die Stille nicht mehr zu ertragen ist.

Freilich, Italien war ja seit mehr als dreißig Jahren mit Österreich und Deutschland verbündet. Dieser Dreibund hatte Italien einen langen Frieden und großen Nutzen gebracht.
Doch Dimai macht bloß eine wegwerfende Bewegung. Was gilt Italien das alte Bündnis, wenn es auf andere Art besser seine Ziele erreichen kann?
Der Teufel hole die verdammte Politik. Den Männern hier im Unterstand geht es jetzt um das Allernächste, um ihre Familien, Frauen, Schwestern und Kinder.
Der Krieg in der Heimat, Teufel auch, das hat gerade noch gefehlt!
Die Männer wissen jetzt, bei Gott, genau, was Krieg ist. Wie in einer Vision sieht Dimai schweren, schwarzen Rauch von den Dörfern der Heimat aufschwelen, hört brüllende Geschütze, hört die Kanonen dröhnen, sieht die Frauen, die Kinder fliehen, sieht, wie die Flammen aus seinem Haus hochschlagen – die Heimat, sein Glück, ach, soll denn alles zu Ende sein? Was wird mit seiner Mutter geschehen, was mit Pia, die in diesen Wochen ihr Kind erwartet hat? Vielleicht ist das Kind schon zur Welt gekommen, und Pia, der liebste Mensch, den er auf dieser Erde hat, erlebt, was er in diesem fremden Lande erleben mußte: den Krieg. Furchtbar dieser Gedanke, grausam die Vorstellung, daß Pia mit dem Kind fliehen muß, wie die Menschen hier in diesem Land geflohen sind. Er hat es gesehen, immer wieder: die hochgetürmte Habe, von einem müden Gaul gezogen, und, auf der Habe kauernd, eine Mutter mit ihren Kindern . . .

5

Während die österreichisch-ungarische Armee im Kampf gegen Rußland verblutet, sieht der Nachbar im Süden den Augenblick gekommen, um Forderungen zu stellen: »Trento e Trieste« lautet der Kampfruf der italienischen Nationalisten.

Die Kabinette und ihre Makler handelten um Völker und Länder, um Krieg und Frieden. Und Italien unterschreibt in London den Pakt, der seinem »Sacro egoismo« das Tiroler Land bis zum Brenner zuspricht, und kündigt den Dreibund.

Kaiser Franz Joseph ruft zum Schutze des Reiches die »privilegierten Standschützen Tirols« auf, die Mitglieder der Schützenverbände, die seit Kaiser Maximilians Zeiten den Stutzen auf dem friedlichen Scheibenstand handhaben. Aber wer tauglich war in ihren Reihen, war längst schon ausgerückt oder lag irgendwo in fremder Erde. Nur frontuntaugliche Männer, Greise und halbwüchsige Burschen gehörten den eilig zusammengestellten Formationen an, die zu den Waffen gerufen wurden, weil es galt, das teure Land Tirol, die Bergheimat, gegen den neuen Feind zu verteidigen.

1809 – wie damals stand Tirol in tödlicher Gefahr. Ein zweites »Neunerjahr« war gekommen.

Wenn man drüben »Trento e Trieste« schrie, hieß es herüben: »Hände weg von Tirol!«

ferung selbst gewählt. Meist war es der Beste vom Schießstand, der Schützenkönig, der die Kompanie befehligte. Ansehen mußte er haben und Vertrauen genießen, beliebt mußte er sein und scheibensicher. Ob er Bauer war oder Advokat, Gastwirt oder Handwerker, reich oder arm, alt oder jung, darauf kam's nicht an.

Die letzten, nicht ausgehobenen Pferde brachten die Männer von ihren Höfen mit und spannten sie vor ihre Heuwagen und Holzfuhrwerke, luden große Kessel auf, warfen Schaufeln, Äxte und Pickel auf die Wagen, packten den Speck, der für den Winter im Kamin hing, dazu, den Rest Mehl und Getreide von der Ernte des Vorjahres und Heu für die Pferde. So zogen sie in den Krieg.

Der Enkel marschierte neben dem weißbärtigen Großvater, der Knecht mit dem Bauern, der Schüler mit dem Lehrer und mit allen der Pfarrer, um den Männern in diesem schweren Kampf geistlichen Beistand zu geben.

Ihre Schützenfahne, ein bekränztes Schild mit dem Namen ihres Heimatortes, führten sie mit sich und auf den Wagen ein paar Fässer guten roten Weines.

Alle Glocken riefen, als sie auszogen. Oft war es das letztemal, daß sie läuteten, denn ein paar Monate später wurden die Kirchenglocken von den Türmen geholt und mitsamt dem alten blanken Kupfergeschirr aus den Küchen und Kammern zu Geschossen und Kanonen umgeschmolzen.

Da und dort war es notwendig geworden, ein Stück österreichischen Bodens aufzugeben, Tiroler Erde. Das war hart, aber es mußte sein. Am Tonale räumte man Vermiglio und Stavel und Pejo, in Judikarien wurden Storo und die umliegenden Orte evakuiert, am Gardasee Pregasine, Nago, Torbole und die Dörfer des Ledrotales, dann das Gebiet des Monte Baldo, im Etschtal die Dörfer südlich von Rovereto, dann die äußersten Ortschaften des Val Sugana und in den

westlichen Dolomiten die schönen Orte am Fuße der Palagruppe, Primör und San Martino di Castrozza, und weiter gegen Osten Buchenstein und Andraz und im östlichen Bergland der Dolomiten – Cortina. Ja, so schwer es auch sein mochte: Diese Gebiete mußten geräumt werden, das war eine harte, militärische Notwendigkeit; denn in der äußersten Bedrängnis, in der sich Tirol in diesen Tagen befand, kam alles darauf an, eine möglichst kurze, geschlossene Frontlinie zu schaffen, die sich gut verteidigen ließ, selbst wenn das weite Vorfeld dem Gegner überlassen werden mußte.
Die weite, offene Landschaft um Cortina ließ sich mit derartig geringen Kräften unmöglich halten. So mußte das ganze Talbecken mit den schönen alten Dörfern und Siedlungen dem Feind überlassen werden. Die Verteidiger zogen sich auf die nördliche Bergumrahmung zurück. Von der Tofana und den jähen Gipfeln des Travenanzestales lief die Front über das Gemärk und über die steilen Hänge des Cristallo hinüber zu den Drei Zinnen.
»Weisung H II« hieß das kurze Telegramm, das die Räumung des Vorgeländes befahl. Es ging um Stunden; denn jeden Augenblick konnte der Feind nachdrängen. Da und dort in manchen Grenzorten holten die Gendarmen rasch noch das Vieh aus den Ställen, nicht ohne gewissenhaft die Requirierungsscheine auszufertigen, beschlagnahmten die letzten Pferde und Fuhrwerke, stiegen auf die Kirchtürme und holten die Glocken herunter. Ein paar Stunden später verließen die Frauen, Kinder und Männer in langer Kolonne die Heimat. Mitunter wurde den Einwohnern die Wahl gegeben, zu bleiben oder fortzuziehen. Andere Orte wurden völlig evakuiert. Hinter den Fliehenden legten gewaltige Sprengladungen alles nieder, was durch Menschenalter hindurch teurer, glücklicher Winkel, Heimat und Leben ge-

wesen war. Der Pfarrer ging zumeist als letzter fort, das aus der Kirche geborgene Kruzifix mit sich tragend.
Die ersten Schüsse dröhnten im Echo der Wände und Täler. Das Spingeser Schlachtlied von Anno 1797 wurde wieder lebendig:

»Jetzt wölln mir geahn, 'n Walschen z'gegen geahn!
Wos hobn denn die bei ins herinnen z'tean?«

Über die Schneefelder und Gletscher, durch öde Kare, durch wilde Schluchten stiegen die Standschützen, die alten, die jungen, hinauf und nisteten sich auf den Gipfeln und Graten, zwischen Felstürmen und in den Rissen ein und besetzten die Scharfen und Jöcher, gruben sich Postenlöcher und hausten darin in Feuchte und Kälte oder schleppten Bretter und Balken über Schutt und Felsen, klebten kleine Bretterbuden an die Bergwände. Dann hoben sie Gräben aus, bauten Schulterwehren und Postenstände, stellten sich hinein, schußbereit das Gewehr, die Augen scharf und warteten auf den Feind.
In den Wäldern und auf den tiefergelegenen Almen hatten sie ihre Bagage gelassen, die Pferde, den Feldkuraten und den Feldarzt. Schnell entstanden kleine Soldatendörfer mit Heulagern und großen Kesselküchen, mit Ställen und einer Kapelle, in der Frühmesse und Abendandacht gehalten wurden.
Tagsüber aber schanzten und bauten sie, denn die Front war zunächst nur auf der Landkarte, nicht aber in Wirklichkeit festgelegt. Nur dort, wo zum Schutze der Haupttäler und der großen Übergänge Sperrforts standen, kleine, halb in den Fels gesprengte und mit Beton und Panzerplatten armierte Werke, war eine Verteidigungslinie angelegt: ein paar Gräben, Baumverhaue, einige Schützennester, ein Be-

obachtungsstand oder ein versteckter Betonbau. Und noch etwas geschah: über Nacht wurden die Wälder im Vorfeld niedergelegt, die schönen lichtgrünen Lärchenhaine, das geschlossene dunkle Tannengrün, um das Schußfeld frei zu machen.
Fünfunddreißigtausend Tiroler, von General Dankl geführt, warteten zwischen dem Stilfser Joch und dem Sextener Kreuzberg auf den Feind.
Gewehr im Anschlag, von Felsblöcken verdeckt, in Mulden versteckt, zum Letzten bereit, standen sie auf den Berggraten und warteten auf die überlegenen italienischen Armeen, auf den Todeshagel ihrer Geschosse, auf die Welle der Vernichtung, die das armselige Schützenhäuflein wegfegen und überrennen konnte, bis nach Nordtirol und Bayern hinein.

Cortina lag im Niemandsland zwischen den Fronten.
Mit den Ampezzaner Standschützen, die vor drei Tagen abgezogen worden waren, hatten die letzten Beschützer und Helfer den Ort verlassen. Niemand wußte Rat: die einen waren fürs Bleiben und Ausharren, die anderen rieten zum Packen und Ziehen. Das war ein Zweifeln und Zagen, bis endlich die Entscheidung fiel. »Wir bleiben«, hieß es.
Nur das kleine österreichische Postenkommando, das noch in Cortina stand, um das Letzte zu regeln, machte sich zum Abmarsch bereit. Jeden Augenblick konnte die Vorhut der Italiener erscheinen. Im Gemeindehaus hielt sich noch der Kommandant des österreichischen Sperrforts Tra i Sassi auf. Bürgermeister Menardi ging zu ihm, um Rat zu holen. Auch der Postenkommandant der Gendarmerie war zugegen. Vielleicht ließ es sich doch vermeiden, daß Cortina geräumt wurde. Das wäre die beste Lösung. So schien es ihnen.
Eigentlich hätte es gar nicht besonderer Besprechungen be-

durft, denn es handelte sich um feststehende Tatsachen, die längst allen Beteiligten bekannt und geläufig waren und an denen nichts mehr zu ändern war.
Als daher der Kommandant des Forts, ein Landesschützenoberleutnant, seine hellblaue Bluse zurechtzog, den Überschwung geraderückte und nun zusammenfassend das Besprochene wiederholte, nickte der Bürgermeister nur noch.
»Also, Menardi, so schmerzlich es ist, Cortina preiszugeben, aber es muß sein. Von der Evakuierung wird abgesehen, denn die loyale Haltung unserer Ladiner steht über jedem Zweifel. Auch vom Viehsequester wird Abstand genommen. Auch die Glocken bleiben. Alles Weitere liegt an Ihnen. Wirken Sie auf die Leute ein, daß sie ruhig und vernünftig bleiben. Es wird, hoffen wir, nicht allzulange dauern, bis der bisherige Zustand wieder eintreten wird. Daß wir Cortina schonen werden, wissen Sie. Von unserer Seite wird kein Schuß in den Ort gehen. Nur wenn wir gezwungen werden, müssen die Anmarschstraßen unter Feuer genommen werden. Dann müßten Sie Zuel und Majon räumen lassen.«
Der Oberleutnant salutierte, die Männer schüttelten sich die Hand, dann traten sie aus dem Gemeindehaus. An der Steintreppe stand der Offiziersbursche mit dem Pferd. Zehn Minuten später war der letzte österreichische Soldat aus Cortina verschwunden.
Es war – was damals kaum jemand ahnte – ein Abschied von Österreich.
Den Abschluß des kleinen Zuges, der nach Norden abrückte, bildeten die beiden Meldeposten von Zuel, die in letzter Minute eingezogen worden waren. Sie hatten nichts vom Feind gesehen. Die Straße ins Cadore schien, soweit man sie überschauen konnte, leer und verlassen.

Doch das war ein Irrtum. Zur gleichen Stunde rückte eine Kompanie Alpini gegen das österreichische Zollhaus bei Aquabona vor. Vorsichtig schwärmten die Alpini in das Gelände aus. Bald hatten sie Gewißheit, daß das Vorfeld bis Cortina geräumt war.

Und wieder einen Tag später knatterten sechs Motorräder von Süden her auf Cortina zu. In eine Staubwolke gehüllt, folgte ihnen in einigem Abstand ein mit italienischen Soldaten besetztes Auto.

Quer über den Rücken hatten die in Leder gekleideten Motorradfahrer die Karabiner hängen. Auf dem Kühler des Autos flatterte eine dreifarbige Standarte: grün-weiß-rot. Keck wehten die schwarzen Federbüsche von den breitrandigen Lackhüten der Bersaglieri.

Unterhalb des Hotels Miramonti hielt der Vortrupp an. Der Capitano sah sich um, machte eine lockere Bewegung mit der Hand, dann fuhr der Wagen in den Ort ein.

Kaum ein Mensch war auf den Straßen, nur ein paar barfüßige Buben johlten hinter der daherstaubenden Autokavalkade her. Da und dort sah man einen Frauenkopf, aufgeschreckt, aus einem Fenster blicken.

Am Kirchplatz hielten die Italiener. Eine Weile lang wartete der Capitano. Aber niemand erschien.

Er fuhr zum Gemeindeamt, stieg aus dem Wagen, rückte den Federbusch zurecht, strich die Handschuhe glatt und stapfte, von den beiden Karabinerträgern gefolgt, die acht Steinstufen zum Gemeindehaus hinauf und trat ein.

»Parla italiano?« fragte er die beiden Männer, die in der Gemeindestube standen. Menardi, der Bürgermeister, nickte, zuckte zugleich mit den Achseln und sah den Pfarrer an, der ebenfalls nickte und mit den Achseln zuckte. »Signori! Cortina ist in unserem Besitz. Die nachfolgende Division des Generals Cantore besetzt den Ort. Alles hat sich seinen Anforderungen zu fügen. Die österreichischen Gesetze sind aufgehoben. Italienisches Gesetz und Kriegsrecht gilt. Italienische Münze. Italienische Sprache. Das Nähere wird durch Anschläge bekanntgegeben. Die Bevölkerung kann im Ort bleiben. Wenn sie loyal und freundlich ist, wird niemandem etwas geschehen. Aber jede feindliche Handlung wird nach dem Kriegsrecht geahndet. Sie werden von uns vorläufig als Sindaco bestätigt werden. Ihre erste Maßnahme wird sein, die Leute zur Ruhe und Besonnenheit aufzufordern und ihnen die veränderte Situation bekanntzugeben. Capito?«

Draußen hatte sich um den staubigen Motortrupp ein Haufen Kinder versammelt. Ein wenig scheu und ein wenig neugierig standen die Buben vor den Rädern. Sonst war der Kirchplatz leer.

Er füllte sich aber kaum eine Stunde später mit italienischen Truppen so sehr, daß nicht einmal für die neugierigen Buben Platz blieb.

Eine Eskadron leichter Kavallerie war dem Auto gefolgt. Zwanzig Lastkraftwagen brachten in Eile Infanterie und Alpini. Am späten Abend lagen schon vier italienische Bataillone und ein paar Batterien in Cortina. Um Mitternacht war der letzte Mann einquartiert. Die Stäbe in den Hotels, die Unteroffiziere in den Privathäusern, die Soldaten in der Landesschützenkaserne, in der Schule, in Scheunen, Ställen, Garagen: Cortina wurde also von den Italienern »erobert«, ohne daß ein Schuß gefallen war.

Soldaten klebten Plakate an die Hauswände. Zweisprachig waren sie, damit ein jeder sie verstehen konnte. Da war von Kriegszucht und Standrecht, von Loyalität, vom König von Italien und vom General Cantore die Rede.

Und überall, wo ein altes schwarz-gelbes Schild hing mit dem österreichischen Adler und dem vertrauten »k. u. k.«,

da klebten sie Streifen darüber, die unmißverständlich die Besitznahme durch das »Comando supremo« dokumentierten. Überall standen Doppelposten, und die Straßen waren verstopft von Kanonen und Fuhrwerk. Am Gemeindehaus und Giebel des Hotels Miramonti, wo General Cantore wohnte, wehte die italienische Flagge. Und sie wehte auch am Hause auf dem Lärchenhügel über Majon, von eifrigen Alpinisoldaten in der obersten Fensterluke gehißt: grün-weiß-rot; an diese Farben mußte man sich erst gewöhnen, wenn man zeitlebens nur die rot-weiß-rote gewohnt war, die seit Menschengedenken über dem paradiesischen Bergtal von Cortina gegolten hatte.
An vieles mußte man sich gewöhnen.
Pia waltete im Hause, als wäre nichts geschehen. Sie sah die italienischen Soldaten und sah sie doch nicht. Sie vermied es, so gut es ging, mit ihnen zu sprechen; denn sie spürte nur allzu deutlich, daß das schwere Los, das sie zu tragen hatte, durch die feindliche Besetzung noch viel schwerer geworden war; denn nun schob sich die Front zwischen die Heimat und Österreich und trennte sie unerbittlich von Florian.
Das Kind, das sie in ihrem Arme hielt, schlug die Augen zu ihr auf. Welch ein Glück bedeutete ihr dieses Kind! Es war das kostbarste Unterpfand, das ihr in den Tagen, den Wochen und Monaten des Verlassenseins Trost und Hilfe war. Immer von neuem glaubte sie an dem kleinen, hilflosen Wesen bestimmte Ähnlichkeiten mit ihrem Florian zu entdecken; der seltsame Zug um die Wangen, die Form der Stirn, selbst der Blick der Augen – war es nicht, als schaue ihr aus diesen strahlenden, dunklen Kinderaugen Florian selbst entgegen?
Da klopfte es leise an die Türe.
Es war Rosetta, sie hatte es, wie immer, sehr eilig.

»Hast du Nachricht, Pia?«
»Nein, Rosetta, nichts. Und du?«
»Keine Zeile, und dabei hat mir Tschäms fast jede Woche eine Feldpostkarte geschickt, mit seinen Späßen und Zeichnungen. Und stell dir vor, sogar ein Gedicht hat er auf mich gemacht, der gute Tschäms:

> Rosetta, du liegst mir im Bluat,
> du liegst mir im Sinn,
> du liegst mir im Herzen
> zehn Meter tief drin.

Und keine hat ihm noch so gut gefallen, ich sei die Schönste von allen . . .«
Nun schob sich Rosetta doch den Stuhl zurecht und setzte sich zu Pia in die Ecke. »Von allen«, nahm Rosetta das Wort wieder auf, »oh, ich weiß, wie er das meint, der Tschäms. Er ist ja so gutherzig und lustig, kann an keinem Mädel, das ihm begegnet, vorbeischauen, weil ihm eben alle gefallen. Und weiß der Himmel, was ihm da draußen in Galizien alles begegnet ist! Gefährliche Weiber gibt es überall, Weiber, die sich den Männern an die Brust werfen. Und ein sauberes Mannsbild ist er ja, der Tschäms, auch wenn er brennrote Haare hat und das Gesicht voller Sommersprossen. Ich mag ihn trotzdem furchtbar gern, muß Tag und Nacht an ihn denken; wenn er nur gut heimkommt, dann wird alles recht«, schloß sie seufzend und blickte Pia freundlich lächelnd und auf ein Trostwort wartend an. In der Stube war es still. Bloß vom Oberstock her hörte man die Soldaten herumstiefeln. Es tat so gut, Rosetta zuzuhören, wenn sie so eifrig von ihrem Liebsten sprach.
»Wie wird das jetzt mit uns werden, Pia, wir herüben, unsere Männer drüben?«

»Ja, wie wird das werden, Rosetta? Ich weiß es auch nicht.«
Die Frage, die ihr schwer auf dem Herzen lag, die sie bis in die nächtlichen Träume hinein ängstigte und quälte. Es gab keine Antwort auf diese Frage.
Da blitzt ein kurzer Hoffnungsstrahl aus Rosettas Augen: »Pia, weißt du, was wir tun müssen? Der Graf, mit dem Florian immer ging, der mag euch doch so gern, dem mußt du schreiben, daß er herkommt. Dann kann uns nichts geschehen. Der ist doch bestimmt Offizier.«
»Ach, Graf Franchetti, der ist gewiß irgendwo eingerückt und kann nicht einfach hinreisen, wo er will. Und vergiß nicht, daß er jetzt unser Feind geworden ist. Der denkt an ganz andere Dinge als an uns. Rosetta, wir müssen warten und Geduld haben.«
»Ach, Pia, es ist so schwer, Geduld zu haben.«
Und ihr Köpfchen fiel herunter in Pias Schoß. Sie weinte, daß es sie schüttelte.
Pia streichelte ihr über die Haare. Aber auch aus ihren Augen rann Träne um Träne.

6

Die vier Tiroler Kaiserjägerregimenter standen noch immer in Galizien am San, eingegraben in elenden Stellungen aus dünnem Flußsand, den die Kugeln durchschlugen und der die Gewehrverschlüsse so zurichtete, daß man kaum mehr schießen konnte. Es war kein einfaches Postenstehen. Die Russen mit ihrem unerschöpflichen Menschenreservoir setzten zehnfache überlegene Armeen an, um hier am San, gerade hier, zwischen den Deutschen und Österreichern, durchzubrechen. Die Mauer der Tiroler Regimenter aber stand fest, stand mit ihren letzten Kompanien noch, bis der Sieg bei Stryj erfochten und Przemysl, die alte österreichische Festung, der Angelpunkt der Front, wieder befreit war, freilich erst nach langen, mühevollen Kämpfen, die ungeheuren Blutzoll gekostet hatten.

Aber der Kampf mit den Russen – das war nicht das Ärgste. Ärger war die Sorge um das Schicksal der Heimat. Aus den bedrängten oder geräumten Grenzgebieten kam keine Post mehr. Die Ungewißheit wuchs von Tag zu Tag und legte sich den Männern, die bereit waren, ihr Leben zu opfern, beklemmend auf die Brust. Dazu das Gefühl, an der falschen Front zu stehen. Was kümmerte sie dieses elende, schmutzige, verlauste Galizien? Was hatten sie in diesem Lande verloren? Nichts, gar nichts. Während hier, weit von der Heimat fort, die besten Tiroler Regimenter verbluteten, standen Haus und Hof, stand das eigene Land in Gefahr. Tiroler Kaiserjäger am San – und an der Grenze daheim nur die alten Standschützen! Dieser Gedanke ließ ihnen Tag und Nacht keine Ruhe. Angst hatten sie, die tapferen Männer von Limanowa-Lapanow und von hundert anderen blutigen Schlachten, Angst, nicht um das eigene Leben, das galt ihnen nicht mehr viel, Angst um das Schicksal der Heimat.

Ja, wenn sie, die Kaiserjäger, auf den Bergen ihrer Heimat stehen und kämpfen könnten!

Und dann kam der große Augenblick, kam, wie alles in diesem Kriege, ganz unerwartet, unverhofft, kam so plötzlich, daß kaum einer von den Männern diese schicksalhafte Wendung sogleich begreifen konnte.

Die ausgebluteten Regimenter waren aus der Front genommen worden und gingen in Kamien ins Quartier.

Allabendlich traten die Männer zur Befehlsausgabe an, wohl das Langweiligste, das es für sie gab, warteten in Reih und Glied scheinbar geduldig, in Wahrheit voll Ungeduld, bis der Zauber vorüber war, und hörten dabei kaum, was der Offizier aus den vielen Papieren vorlas. Nach dem Korpsbefehl kam der Divisionsbefehl, dann der Brigadebefehl, dann der Regimentsbefehl, und wenn all das tapfer überstanden war, gab's »zu Haus« noch einen besonders gewürzten Kompaniebefehl. Das ging fast schon eine Stunde so:

»Die Zahl der Ruhrkranken ist an allen Frontabschnitten in auffallender Weise im Zunehmen. Die Sanitätspatrouillen werden angewiesen ... Latrinen sorgfältig mit Chlorkalk zu desinfizieren ...«

»... wird ad Regtsbefehl 3754/19 lit c erneut in Erinnerung gebracht, daß Urlaubsgesuche lediglich auf dem vorgeschriebenen Dienstweg vorzubringen sind ...«

»Ab 12. ds. wird lt. Res. Nr. 16899 die bisher ausgegebene Tabakzubuße restringiert und nur noch ...«

»Mit vier Tagen strengem Arrest wird wegen Subordinationsverletzung bestraft der Gefreite Valentin Stohansl der 4. Komp., ferner mit drei Tagen der Jäger . . ., mit einem Tag der . . .«
»Das der 2. Komp. zugeteilte Reitpferd des Herrn Hauptmann-Rechnungsführers Schleichinger – lichtbraune dreijährige Stute – abgängig. Sollte es von einer anderen Kompanie – sofort zurück . . .«
»Herrgott, Marandjosef! Hört denn heut die Litanei gar nimmer auf«, murrt Staudacher, »schad um die Zeit, hätt ma so schön noch einen Watter machen können . . .«
». . . mit allerstrengsten Strafen gegen alle jene vorzugehen, die in vorschriftswidriger Weise zweimal Menage fassen. Bei der gestrigen Essensausgabe wurde der Einjährige Felix Ziffer der 3. Komp. . . .«
»Hunger werd er halt noch ghabt haben«, meint Tschäms.
». . . sind die Urlaubsberechtigten aller Züge, ausgenommen die der ersten, mit doppelten Listen zu melden . . .«
»Teufel!« murren da die von den ersten Zügen. »Sind wieder wir die Angeschmierten und gehen leer aus, Teufel –!«
». . . diese ersten Züge aller Kompanien des Gesamtstandes scheiden über Korpsbefehl mit Morgigem aus dem Regimentsverbande aus. Sie werden der Division Goiginger-Pustertal zugeteilt und sind ab Morgigem direkt an die Südfront zu instradieren.«
»Was hat er g'sagt?« fragt Staudacher, der eine besonders lange »Leitung« hatte. »Hat er nicht Pustertal gesagt?«
»Pustertal« – das klang anders als Kosnowicze oder Ranizowska oder Zarzycka oder wie diese polnischen Nester alle hießen. »Pustertal« – das war Tirol, das war die Heimat!
»Pustertal hat er gesagt, ins Pustertal instradieren – wir kommen heim, Mander, heim!«
Staudacher standen vor Freude Tränen in den Augen. Den

anderen Kameraden ging es nicht anders. Und sie schämten sich dessen nicht.
Sie starrten noch dorthin, wo die Gruppe der Offiziere beisammenstand, sie sahen alles wie durch einen grauen Schleier und sahen doch auf einmal über der trostlosen Ebene Berge aufwachsen, grüne Talhänge, hohe Felsenzinnen über weiten Almböden.
In den Ohren dröhnte es ihnen, als hörten sie schon den Wasserfall daheim. In die Pausen des fallenden Wassers klang das erlösende Wort: »Pustertal!«
Der Regimentsadjutant blickte wieder auf seine Papiere: »Als Transportführer melden sich beim Regimentskommando:
für die erste Kompanie: Kadettaspirant Höller,
für die zweite Kompanie: Oberjäger Happacher,
für die dritte Kompanie: Zugführer Dimai.«
»Dimai!« stieß ihm Tschäms unauffällig, aber doch kräftig die Faust ins Kreuz. »Dich meinen sie, Dimai, und uns!«
Unnötig! Dimai hatte längst begriffen, daß er das Glück hatte, als erster mit dem Transport heimzufahren nach Tirol. Ja, er war kaum noch zugegen, war in seinen Gedanken schon weit von Galizien fort.
Dann führte er seinen Zug ab. Er hörte nicht die aufgeregten Worte, die von Mann zu Mann gingen, hörte selbst das nicht, was ihm ein Oberjäger von der Kanzlei lachend und neidisch zurief: »Saudusel habts! Heim kommts!«
Heim – auch wenn daheim Krieg war.
Florian Dimai war sich in diesen Wochen darüber klargeworden, daß Cortina und alles, was sich mit diesem Bild verband, nur noch in Gedanken erreichbar war, daß er aus der verlorenen Heimat ausgeschlossen war. Aber es war ein Trost, bald der Heimat wenigstens nahe zu sein.
Tschäms, Staudacher und die anderen hatten Dimai schon,

wer weiß wie lange, nicht mehr lachen sehen. Nun aber war er wieder der alte geworden und konnte sich freuen und lachte herzhaft, wenn Tschäms die Heimkehr nach Tirol, das hieß für ihn, die Heimkehr zu seinen Bräuten, Nummer eins: Rosetta, in bunten Farben ausmalte.
Galizien addio – nein, der Teufel soll es holen, das verfluchte Land, das so viel Blut gekostet hat!
Und was war das für eine Reise heimzu: Wie Auserwählte kamen sich die Männer in ihren speckig-dreckigen, geflickten, verschossenen Monturen auf dieser Fahrt quer durch das Habsburger Reich vor.
Sie glaubten, sie hätten ein Jahrzehnt ihres Lebens schlankweg verschlafen oder wären eben aus einem wüsten Traum aufgewacht.
Reifende Weizenfelder, sommersonniges Land, das im Mittag flirrte, munter fließende Flüsse, schwarzgrüne Wälder und Dörfer, so schmuck, so sauber; war denn das alles noch wahr? Gab es das alles noch?
Und wieder die Berge! Jetzt wich die Fröhlichkeit einer Stille, in die wie eine einschläfernde Weise der immergleiche Schienenschlag der Räder hineinklang. Sie saßen aneinandergelehnt wie Brüder und duldeten den müden Kopf des schlafenden Nebenmannes gern auf der Schulter. Droben auf den harten Gepäckbrettern schliefen ein paar ihren granatenfesten Schlaf. Durch die halboffenen Fenster strich die Kühle der Nacht herein, rauschte plötzlich ein Sturzwasser auf, oder es brauste das Dröhnen durchfahrenerTunnelwände in ihren Ohren.
Der Tag stieg von den Bergspitzen in die noch dämmerdunklen Täler herab. Frauen standen an den Brunnen, und da und dort wetzte ein alter Knecht seine Sense.
In großen Kehrschleifen rollte der Zug den Brenner herunter und ins Pustertal. Bruneck, die kleine alte Stadt! Der Zug

hielt. Sie sprangen aus den Wagen, streckten sich, reckten sich und blickten sich um. Ja, ja, schon richtig, das war *ihr* Land, das war Heimatboden, auf dem sie standen.
Tschäms aber tat, als er die Berge rimgsum sah, einen hellen Juchzer. Drüben auf den Bahnrampen standen fremde Soldaten und schüttelten die Köpfe. Sie verstanden nicht, wie man in diesem Krieg so lustig sein konnte.
In den Krieg, doch zuvor in den Urlaub!
Dimais Zug war der erste, der von Galizien eingetroffen war. Einige hatten ihre fünftägige Urlaubsgenehmigung schon unterwegs vertan. Andere, Pusterer, Grödner, Männer aus dem Ennebergischen, hatten es nicht weit, um heimzukommen und daheim ihren Fünftageurlaub zu verbringen.
Die Männer aus Cortina aber –
Tschäms verging das Juchzen, als ihm klar wurde, daß sie die einzigen in der Kompanie waren, die nicht nach Hause gehen konnten. Bitter genug, wenn Tschäms an seine Rosetta dachte.
Zugführer Dimai wurde mit den vier anderen Kameraden aus Cortina auf eine Erholungsstation im oberen Enneberg geschickt. Das war freilich kein Heimaturlaub. Aber man konnte doch allerhand mit diesen fünf geschenkten Tagen anfangen.
Am nächsten Morgen wanderten die fünf in aller Frühe ins Ennebergtal hinein, nicht anders als eine Gruppe sommerfroher Touristen. Sie trugen keine Rucksäcke – die wollte man ihnen schon zuverlässig nachschicken –, die Gewehre hatten sie wie Jagdbüchsen umgehängt, die Blusen aufgeknöpft und den Überschwung über die Schulter gehängt. Sehr zivil sahen die Männer aus.
Längs der schäumenden Gader, die Schneehochwasser führte, zogen sie dahin. Auf der Straße lief ein unendliches

Band talein und ein anderes talaus, Lastwagen hinter Lastwagen mit hochaufgetürmtem Kriegsgerät, Stacheldrahtrollen, Dachpappe, Verhaustangen, Munition und Lebensmitteln und, weiß der Himmel, mit was noch. Dann und wann stauten sich an den Ausweichstellen die schweren Wagen.

Aber die fünf störte das nicht.

»Die Gerste steht gut«, meinte Staudacher, der den Bauer in sich nicht verleugnen konnte. »Und der Habern auch«, fügte Albert hinzu, obwohl er bloß ein Bäcker war.

An anderen Stellen lagerten Truppen, Kompanien des deutschen Alpenkorps oder österreichische Landstürmer. Und immer ging's »Woher?« und »Wohin?«, mit einem Scherzwort hintennach. »Ihr fünf führt den Krieg wohl auf eigene Faust, was? Warum habt ihr euch nicht in Bruneck eine Kanone gekauft, he?«

Bei Zwischenwasser, wo von links her das Virgiltal mündet, schauten auf einmal kalkweiße, rotgeäderte Dolomitenberge in die Talenge herein.

»In acht Stunden wären wir daheim«, sagte Staudacher, »wären wir daheim, wenn net – ja, wenn net . . .« Er sprach den Satz nicht zu Ende.

Sie kamen nach Pedratsches, wo sie sich zu melden hatten. Da war ja die ganze Armee versammelt! In Baracken und Zelten hausten die Kompanien, auf ebenen Wiesen standen die Kraftwagen, Sanitätsfahnen wehten von der Schule her, Ordonnanzen liefen über die Wege, und Soldaten spazierten herum und taten nichts als grüßen.

Dimai wußte, wohin er sich wenden mußte, um seine Kameraden während der fünf Urlaubstage den Eingriffen übereifriger Chargen zu entziehen, die vielleicht glaubten, sie hätten in Galizien das Salutieren und Habachtstehen verlernt. »Zur Mutter Nagler!«

»Cie Schpavent! Pusche in Gottsnomm! Wer kimmt denn do? Dimai, bisch es wirkli?« rief Mutter Nagler, als Dimai mit seinen vier Begleitern stracks in die Küche des Badwirtshauses einmarschierte.

»Mutter Nagler«, rief Dimai froh gelaunt, »meld ghorsamst mein Eintreffen, direkt vom lausigen Rußland, und der Zar laßt dich schön grüßen und hat gsagt, er hätt gnua von uns – aber die höheren Gewalten!« –

Das wurden fünf herrliche Tage im alten Badhaus von Pedratsches!

Mutter Nagler hatte ihnen zwei geräumige Sommerfrischlerzimmer hergerichtet, obgleich sie das Haus bis unters Dach voll Einquartierung hatte, und steckte ihnen die allerfeinsten Bissen zu, ganze Teller voll Krapfen, Tiroler Speck und vom Roten, so viel sie wollten. Die Monturen wurden gewaschen und geflickt, die Wäsche hergerichtet, und jeden Morgen hockten die fünf »Russen« in den hölzernen Badewannen im warmen Schwefelwasser, in das nach altem Tiroler Brauch dreizehn verschiedene heilsame Kräuter hineingeworfen wurden. Dann lagen sie irgendwo auf den Wiesen oder spazierten nach Wengen hinauf oder hinüber ins Badl Rumestlungs zum Kegelschieben, während sich Tschäms nach etwas Weiblichem umsah, vergeblich allerdings. Und wenn es Abend wurde, dann gingen sie zu Bekannten, zu neuen und alten, im »Heimgarten«, saßen auf der Hausbank, erzählten und ließen sich erzählen, rauchten ihre Pfeifen und schauten hinauf zu den abendroten Steilwänden des Kreuzkofels und der Gardenazza.

Am letzten Tag ihres Urlaubs lieh ihnen die Naglermutter das kleine leichte Steirerwagerl, das sonst nur Offiziere bekamen.

Das war eine genußvolle Fahrt. Als hinter dem lieblichen Ort Stern auf einmal das Gewänd und das Getürm der gro-

ßen Sella zwischen den dunklen Fichten im Straßenausschnitt auftauchte und Staudacher das Roß zügeln mußte, hätten sie beinah »ah!« gesagt, als hätten sie in ihrem Leben noch keine richtigen Berge gesehen.
Als die Equipage dann bald vor dem schönen Zirmhof in Corvara vorfuhr und Staudacher mit der Geißel schnalzte, wie man's so tut, damit der »Hansl« rauskommt und die Gäul ausspannt, trat ein Major unter die Tür mit einer dikken Silberlitze auf dem Kragen. Dem Wagen voll Soldaten gab's einen militärischen Ruck, und sie wußten nicht gleich, sollten sie auffahren und strammstehen oder nur die Hände an die Kappen tun. Sie schauten vorsorglich auf ihren Zugführer, was er wohl tat. Dimai aber sprang vom Bock, er wußte, daß auch ein Major der Standschützen bloß ein Tiroler ist wie andere auch, und rief:
»Bisch es, Franzl, oder net?«
»Florian! Mensch, Dimai! Was für ein guter Wind blast dich daher ins Badia?«
»Ja, Kostner, haben's dich gar zum General gemacht? Muß i wohl ›habtacht‹ stehen vor dir?«
Da gab's genug zu erzählen! Beide Teile packten aus. Aber Kostner, der Standschützenmajor, wußte doch noch viel Interessanteres zu erzählen als die »Russen«. Vor allem über Cortina konnte er den Männern einiges sagen, von der Räumung, vom Abzug der Standschützen und von den ersten Angriffen der Italiener auf die Stellungen von Peutelstein, Fanes und Son Pauses. Er wußte auch, daß Cortina nicht evakuiert worden war, daß die Italiener dort ein großes Divisionskommando aufgestellt hatten, daß aber der Ort trotzdem noch keinen Schuß abbekommen hätte. Da fiel jedem der Männer ein Stein vom Herzen.
Und weiter: »Die Italiener haben es jetzt auf den Falzarego abgesehen, sage ich euch, nachdem sie bei Peutelstein nicht

durchgekommen sind. Bei uns werden sie versuchen durchzubrechen. Das Landsturmbataillon 365 ist bereits hierherverlegt worden, die deutschen Alpenjäger bringen Geschütze in Stellung, – wir werden noch allerlei erleben!«
»Wir sind allerhand von Rußland her gewöhnt!«
»Das ist ein anderer Krieg da draußen. Glaubt mir, auch hier wird es heiß hergehen: der Falzarego und besonders unser Campolongopaß – das sind für die Italiener die bequemsten Wege ins Pustertal. Paßt auf, der Monte Sief und der Col di Lana – davon wird man bald reden.«
Noch lange erzählte Kostner, der viel in der Welt herumgekommen war, als Bergführer, der den Kaukasus kannte und die Gebirge Zentralasiens und einen klugen Kopf hatte. Nicht umsonst nannten sie ihn den »Dolomitenstrategen«.
Bis in die späten Abendstunden saßen die fünf Männer mit Kostner auf der Veranda beisammen.
In der anbrechenden Nacht fuhren sie nach Pedratsches zurück; denn morgen begann der Dienst wieder. Die letzten Urlauber trafen aus Bruneck ein. Dimai sammelte seine Leute. Zunächst wurde der Zug Dimai dem Landsturmbataillon 365 zugeteilt. Ein Oberleutnant der Landesschützen kam, das bedeutete wohl, daß sie jetzt einen neuen Kommandanten hatten. Ob das stimmte, wußten sie noch immer nicht, als Pedratsches schon längst hinter ihnen lag, und sie, schwer bepackt, von der Straße nach Corvara links abbogen und mit krummen Buckeln nach St. Cassian hinaufstiegen.
Immer weiter ging's in die Berge hinein, an Armentarola vorbei. Das Tal sank tiefer hinab, bis sich bei der Eisenofenalm der weite Kessel von Valparola öffnete.
Auf dem Almboden war eine ganze Stadt im Entstehen: eine kleine Kirche, eine Kantine, Wohnbaracken, Küchen, Magazine, eine Sanitätsbaracke.
Weiter ging es, der Front entgegen.

Ein paar Unterstände, von wucherndem Grün und Alpenrosengesträuch umgeben, duckten sich hinter die Riesenblöcke des Bergsturzes, der vor Urzeiten von den Wänden des Lagazuoi losgebrochen war. Noch war alles erst im Werden. Unterkünfte, Gräben und Hindernisse wurden angelegt. Da hieß es zufassen. Als die Männer Bretter in die Stellung schleppen mußten, sahen sie zum erstenmal aus dem vordersten Graben in der Ferne die selben Gipfel, die ihnen in Cortina in die Fenster geschaut hatten: den Nuvolau, den Sorapis, den Pelmo.
Die Dolomitenstraße lag ein Büchsenschuß weit vor ihnen, still und verödet als ein breiter, weißer Trennungsstrich zwischen den feindlichen Linien. Die beiden großen Hotels am Falzaregopaß sahen übel aus. Große Einschläge klafften schwarz in den Wänden und Dächern.
Seit Wochen war hüben und drüben Ruhe. Der große Steinkasten des Forts Tra i Sassi, ein überalteter Bau, mit dem nicht viel anzufangen war, sah wie eine Räuberburg aus; das Fort lag knapp hinter den Stellungen. Dann zog die Front links gegen Lagazuoi – die Einheimischen nennen ihn Col alto –, rechts lief sie hart über die Dolomitenstraße zum Gipfel des Hexenfelsens – Sasso di Stria – hinauf.
Der Weg vom Sattel herüber durfte wegen des feindlichen Artilleriefeuers nur bei Nacht zurückgelegt werden, und nur noch bei Nacht kam die Verpflegung in die Gräben vor: kalter Kaffee, kalte Suppe, kaltes Fleisch, so daß die Leute nicht wußten, sollten sie, weil das Geschirr fehlte, den Kaffee wegschütten und die kalte Suppe mit der Fleischbeilage essen oder umgekehrt. Tschams fand eine gute Lösung: sie taten sich wie beim Kartenspielen zu Dreierpartien zusammen, der eine sammelte für drei die schwarze Kaffeekonservenbrühe, der zweite die Suppe und der dritte das Fleisch,

und dann speisten sie ihre Menage in drei Gängen. Zu Tschäms' Dreierpartie gehörte außer dem Bäcker Albert auch der Standschütze Bertoll, den sie in den Stellungen als ersten aus Cortina angetroffen hatten. Daheim betrieb Bertoll eine kleine Schneiderwerkstatt.

Man merkte es auch hier, daß er ein Schneider war; denn er saß hinter einer Mauertraverse und hatte auf den untergeschlagenen Beinen eine Bluse ausgebreitet, an der er mit Zwirn und Nadel herumfädelte. Als der Zugführer kam, den er im ersten Augenblick ebensowenig erkannte wie dieser ihn, wollte er stramm auffahren, aber Dimai winkte rasch ab.

»Ja, bist du's wirklich, Bertoll?«

»Bin's, Herr Zugführer. Da will ich gleich etwas fragen. I möchte gern heimschreiben. Aber i weiß net, wie jetzt die Postverbindung mit Cortina geht.«

Der gute Bertoll! Dimai versuchte, ihn zu trösten. »Na, Bertoll, heimschreiben, das geht jetzt net mehr. Es steht der Krieg dazwischen. Daran müssen wir uns gewöhnen.«

Major Kostner hatte recht behalten. Bald rührte sich etwas. Es war der 5. Juli. Noch war der Himmel dunkel, aber auf den Kammzinnen des Sorapis leuchtete schon das erste Licht des Tages auf. Dimai, der eben die Posten kontrolliert hatte, blickte mit dem Feldstecher zum Nuvolau hinüber. Er war der eifrigste Beobachter: Stundenlang konnte er mit dem guten Glas, das ihm Conte Franchetti beim Abschied geschenkt und das er durch alle Fährnisse des Krieges gerettet hatte, die Gegend absuchen, die grünen Weiden von Formin, den kleinen Felszahn von Ajal, wo er einst als Bub die Ziegen gehütet und die ersten Hosen an den Felsen zerrissen hatte, die »Cinque Torri«, diesen wundervollen Klettergarten Gottes. Dort unten im weiten Tal lag Cortina. Er wußte es, doch er sah nur einen Teil der Südhänge, denn

weit schob sich der Col alto vor und schnitt ihm den Blick zu seinem eigenen Haus ab.
Da – was ist das? Plötzlich läuft ein Aufblitzen – vier-, sechs-, acht-, zehnmal! – über den Averaukamm. – Das Glas weg!
»Deckung!« ruft Dimai den Standschützen zu. Und im gleichen Augenblick fährt das schwere Geschoß in die Gräben, eine zweite Granatenlage, noch genauer gezielt, fetzt links und rechts, vor und hinter ihnen in die steinigen Hänge, wirft haushohe Fontänen aus Erde und Fels, reißt Wiese und Sprengtrümmer in die Luft. Giftiggelbe Schwaden brodeln über die Stellungen hin, bis eine neue Todesfuhre die schwebenden Nebel und die kurze Stille zerreißt.
Hilflos, mit verkrampften Gliedern, liegen die »Neuen« hinter Blöcken, in der offenen Grabensohle. Sie haben geschmunzelt, als vor Wochen die ersten Gewehrkugeln sie umschwirrten, sie haben gelacht über die ersten leichten Granaten, die »Tschurtschelen«. Aber jetzt, wo die Hölle glühendes Mordeisen hagelt, jetzt verzagen sie. Sie liegen auf dem Bauch und pressen das Gesicht fest zu Boden, sie ringeln sich in eine sicher scheinende Ecke, beugen die Arme gekreuzt über den Kopf und beißen sich in Angst und Not die Lippen durch. Da und dort stöhnt einer auf wie ein todwundes Tier, bis neues Prasseln, Sprengen und Dröhnen den Jammerschrei verschlingt.
Plötzlich setzt der Feuerhagel aus.
Im aufatmenden Luftholen kriecht endlich das Grauen langsam aus dem Leib, der Kopf dreht sich nach rechts, angstvoll dort einen verwundeten oder gefallenen Kameraden witternd! Gott sei Dank, der Nebenmann ist gesund, hat das Gewehr in der Scharte, wie es sich gehört –, der Kopf wendet sich, schon fester und schneller, jetzt nach der anderen Seite – bei Gott! Auch der andere Nebenmann steht an

seinem Platz und stößt einen Rahmen ins Gewehr! Da fährt die eigene Hand zum Kopf, um das sickernde Blut von der Stirn zu wischen, und entdeckt, daß es nur kalter Schweiß ist, der die Stirn näßt. Nun reißt die Hand mechanisch den Gewehrverschluß zurück und stößt ihn vor, ein fester Finger legt sich an das Züngel.

Das sind die »Neuen«, die noch kein Trommelfeuer erlebt haben. Die »Alten«, die in Rußland und Galizien in dutzendfacher Prüfung alles gelernt haben, was mit dem Begriff Tod und Untergang zu tun hat, die wissen, was Trommel- und Zerstörungsfeuer ist.

Sie wissen aber auch, daß nicht immer so schnell gestorben wie geschossen wird.

Dimai hatte in den kurzen Feuerpausen die Verzagten beruhigt, hatte die Leute neu verteilt, wenn der Graben zerschossen war, hatte sie in bessere Deckungen geschickt, wo sie der Splitterwirkung der betonierten Grabenstücke nicht so sehr ausgesetzt waren. Jetzt, wo es ganz still geworden war, lag Dimai wie ein Luchs an einer Schießscharte und äugte hinaus. Gut war das Vorfeld zu übersehen – aber nichts rührte sich. Ein Angriff war zunächst nicht zu erwarten, und der Zweck des mörderischen Feuerüberfalles blieb unklar.

Dimai stieg aus einer riesigen Bresche, die zwei Einundzwanziger in die hintere Grabenwand gerissen hatten, und lief nach dem hausgroßen Block hinüber, hinter dem er noch Leute vermutete, die er nun zum Herrichten des Grabens brauchte. Aber hinter dem großen Block lag, in blühende rote Alpenrosen gebettet, ein Verblutender, um den sich ein Blessiertenträger vergeblich bemühte. Als Dimai näher kam und sich helfend auf die Knie lassen wollte, durchfuhr es ihn eiskalt: da lag Bertoll, dem ein Eisenstück den Hals aufgeschlitzt hatte. Sein verzerrter Mund

schnappte nach dem großen, hellen Himmel, der sich über dem Sterbenden dehnte. Die Hände krampften sich in das grüne Alpenrosenlaub ein, als wollten sie nicht von dieser Erde lassen. Unter dem Kinn quoll es dunkelrot heraus und strömte über Brust und Uniform und über die Patrouillenführersterne, die Bertolls letzte Freude gewesen waren. Dimai sah den Sanitäter an. Hier war nichts mehr zu tun, als still zu sein und Abschied zu nehmen.
In den Gräben ging es schon wieder geschäftig zu. Was vor Minuten der eiserne Wahnsinn zerstört hatte, wurde in Hetze und Mühe wieder aufzubauen versucht, weil sich vielleicht schon in wenigen Stunden das Fürchterliche wiederholen könnte. Es war Selbsterhaltung, die die Leute schuften und schaffen ließ, und das war gut, denn so fanden sie sich am raschesten und konnten den kalten Schrecken, der ihnen immer noch in den Gliedern saß, am schnellsten loswerden.
Nur ein junger Blondflaum hockte in einer Grabenecke und würgte den schwarzen Kaffee aus dem Leib, daß es ihn riß und schüttelte. Kaum daß sie aber beim Schaufeln und Graben waren und schon wieder schauten, ob der Himmel blau sei, da rollte es aufs neue durch die Luft, zuckten Blitze vom Averau und vom Monte Poré herüber. Sie zerbarsten, noch bevor man die paar Schritte um eine mögliche Rettung gelaufen war. Die geschundenen Männer fühlten im gleichen Augenblick wie eine Erlösung, daß die Lage zu weit gegangen war. Bevor sie noch weiterdenken konnten, zischte eine neue daher und schlug ebenfalls abseits ein. Köpfe reckten sich, duckten sich nieder – einer sagte es dem andern: drüben der Sattel und das Werk liegen unter Feuer, unter kernscharf sitzendem, tollen Zerstörungsfeuer. Schon hatten sie die Köpfe wieder an den Scharten, an den Brüstungen und sahen, beruhigt und entsetzt zugleich, wie drüben, kaum

tausend Meter weit entfernt, gigantische Schmiedehämmer auf den Steinkasten niederfuhren. Zehn Lagen hatten sie gezählt, zwei bis drei Dutzend Volltreffer, da warf sie ein grauenhafter Schlag fast um: das Dynamitlager war hochgegangen. Sie, die es aus der Ferne miterlebten, flüchteten vor dem Steinregen, der bis hierher durch die Luft wirbelte.

Eine Stunde lang rasteten die Gigantenhämmer. Dann schmetterten sie in erneuter Unerbittlichkeit weiter. Das Gestein schrie auf, die Erde ächzte; Schuß auf Schuß raste in den Steinbau der Sperre hinein. Mancher Treffer krepierte in dem Augenblick, da er die Betondecke des Werkes berührte, Trümmer und Mauerfetzen mit sich reißend. Andere fuhren glatt hinein in die Gewölbe und zerrissen sie fürchterlich von innen her. Die Spreng- und Pulvergase schwelten in dicken gelben und grauschwarzen Wolken, wie wenn Feuer das Innere des zerbrechenden Steinkastens ausfräße. Menschen lebten in dieser Hölle, zählten die Volltreffer, stülpten Sandsäcke und Beton in die Breschen, taten mit knirschenden Zähnen und geballten Fäusten ihren Dienst und beteten zu Gott, der das Erbarmen vergessen zu haben schien.

Um die Mittagsstunde gaben vier nebeneinanderliegende Volltreffer dem ausgedienten Werk Tra i Sassi den Rest. Um zwei Uhr wankte die Besatzung aus den Kasematten. Vom Rauch und von den Gasen waren ihre Gesichter bis zur Unkenntlichkeit geschwärzt, aber man sah doch, wie tief die blutunterlaufenen Augen in ihren Höhlen saßen und wie schrecklich die weitgewordenen Pupillen im unheimlichen Augenweiß fieberten.

In Zelttüchern und auf Bahren schleppten sie zwei tote Offiziere und die zerschmetterten Kameraden mit sich und trugen die Verwundeten aus dem Trümmerhaufen.

In der Nacht wurde alles, was noch brauchbar war, aus den Trümmern des Forts geholt: die für Wochen berechneten Lebensmittel, die beiden Geschütze und Berge von Munition. Etwas aber ließen die Landesschützen in der Ruine zurück: alle Lichter und Lampen, die sie auftreiben konnten. Sie sorgten dafür, daß sie Nacht für Nacht brannten. Und die Italiener bolzten den ganzen Monat lang mit ihrer schweren Artillerie auf den verlassenen leeren Kasten, von dem bald fast kein Stein mehr auf dem anderen blieb. Das Gelände rings um das sterbende Fort aber war zerrissen und zerwühlt, der saftige grüne Almboden wie ein Reibeisen zerlöchert und zerkerbt von tausend Sprengtrichtern.

Tage- und wochenlang dauerte die Beschießung. Tag und Nacht saßen die Männer, längst stumpf geworden, sprungbereit in ihrer zerschossenen Wildnis, in ihren Todesgruben und warteten auf den Feind. Ablösung, Verpflegung, Verwundetentransport waren kaum mehr möglich. Die Toten lagen noch unbestattet hinter den Blöcken. Beherrschung und eiserne Härte aber hielten die Männer aufrecht.

Ein heißer, harter Anfang war's. Tote und Verwundete ließen sie. Und doch war dies nur ein erster Auftakt zur großen Todessymphonie in den Bergen.

7

Die bayerischen Jäger vom deutschen Alpenkorps hatten die Landstürmer und Standschützen abgelöst. Eine durchgreifende Umgruppierung schien im Gange zu sein. Frisch und wohlgerüstet, mit Geschützen und Maschinengewehren, mit Scheinwerfern und schwerem Sack und Pack marschierten die Deutschen, die nun endlich an der italienischen Front eingesetzt worden waren, aus den Tälern herauf; die müden Österreicher stiegen hinunter. Verteilt auf Eisenofen-, Sarébach- und Lagazuoialm hatten sie ein paar Ruhetage vor sich.
Drunten auf den grünen Wiesen – Gefilden der Seligen – fanden sie sich in alten und neuen Gruppen zusammen, hockten plaudernd beieinander, flickten ihr schadhaftes Zeug, wuschen ihre Hemden, rauchten, sangen und spielten Karten. Mähkommandos wurden aufgestellt, und Sensen zischten wie in Friedenszeiten durch das Gras; Ställe wurden eingerichtet, und Vieh wurde aufgetrieben; in der Hufschmiede wurden die Tragtiere neu beschlagen, in der Grobschmiede Eisenstangen zu Verhauträgern umgeschmiedet; Holz wurde gefällt, und Gattersägen sangen. Vom Tal herauf schleppten sie eine kilometerlange Schlange: das Zugseil, das von den Almen aus auf eine der Dolomitenspitzen gespannt werden sollte.
Man erzählte sich, daß bereits eine ganz großartige Schwebebahn vom Pustertal bis herein nach Pedratsches oder gar

nach Corvara ging und eine andere rund um die Sella im Bau sei.
In den abendlichen Frei- und Feierstunden aber wurden die Männer, die wochenlang Tag für Tag mit dem Tod unter einem Stein gehockt oder ihn wie ihr großer Ahnherr, der Sandwirt, vom Iselberg »zu Tal« geschickt hatten, wieder zu reinen Kindern. Da saßen sie an Bächen, die sich wundervoll friedlich plätschernd durch die Wiesen schlängelten, hängten die bloßen Füße ins Wasser und hatten Mühlradeln und Wasserklappern geschnitzt, sie behutsam eingebaut und freuten sich so sehr, daß sie am liebsten in die Hände gepatscht hätten, wenn es radelte, klapperte und plätscherte. Von der Front her hörte man aber wie ein fernes Gewitter das rollende, murrende, griesgrämige Donnern der Geschütze, das harte Tacken der Maschinengewehre und das helle Einzelfeuer der Stutzen.
Die ununterbrochenen Angriffe der Italiener auf den äußersten Flügel der zum Col alto hinziehenden Stellungen des Lagazuoi ließen nicht nach. Ein tiefer Murenriß führte fast von der Straße aus bis hoch unter die Wände hinauf, in dem der Feind ungesehen bis an den Grabenflügel des Col alto herankommen konnte. Die letzten Angriffe der Italiener hatten die Notwendigkeit erwiesen, auch die schwer ersteigbaren Gipfel in die Frontlinie einzubeziehen. Vor allem mußte der Col alto besetzt werden, der wie eine Bastion weit über das Gebiet von Falzarego vorsprang. Zur Durchführung dieser heiklen Aufgabe wurde Dimai, der erfahrene Bergführer, bestimmt. Außer Tschäms und Staudacher nahm er noch vier bergvertraute Leute und drei bayerische Alpenjäger, tüchtige, zähe Burschen, mit.
In der Abenddämmerung zogen sie los, bergmäßig gerüstet, nur Patronen, Handgranaten, ein paar Konserven im Rucksack.

In der hereinbrechenden Nacht durchstiegen sie vorsichtig die steile, schluchtartige Rinne, die zum Col alto hinaufführt, und standen nach schwieriger Kletterei im fahlen Mondlicht auf dem Gipfel, der in friedlicher Ruhe vor ihnen lag.
Gegen Süden zu hoben sich die großen Silhouetten der Berge ab, gerade noch in ihren Umrissen als dunkle Massen erkennbar. Das weite Vorfeld war lichtlos und schien ohne jedes Leben zu sein. Nur gegen Osten hin bewegten sich winzige Lichtpünktchen in langer Kette auf der Dolomitenstraße.
»Pocol«, sagte Dimai und wies mit seiner Hand ins Tal hinunter.
»Wär gar net so weit«, meinte Tschäms.
Die bayerischen Jäger, denen die Gegend fremd war, hatten sich hinter den herumliegenden Gipfelsteinen ausgestreckt, die Rucksäcke hoch unter die Köpfe geschoben und versuchten zu schlafen.
Die Männer aus Cortina aber saßen still am harten Rand der Kuppe und spähten in das Tal hinab, das ihre Welt war. Immer neue Lichter entdeckten sie.
»Zuel«, sagte Staudacher.
»Ja, Zuel!«
Tschäms aber fluchte gotteslästerlich: »Himmelfixlaudon, so nah und doch so weit!«
Auf wenige Kilometer waren sie nun ihrer engsten Heimat, von der sie ein langes, schweres Jahr getrennt gewesen waren, nahe gekommen. Sie lag vor ihnen, fast greifbar vor ihnen. In wenigen Stunden hätten sie daheim sein können – daheim.
Lang und still saßen sie und schauten in das Tal, in *ihr* Tal hinab und vergaßen fast, daß sie Soldaten waren. Sogar Tschäms war still geworden.

Dimai hieß seine Leute, sich schlafen zu legen. Am Morgen gäbe es genug zu tun. Allein ging er über das weite Gipfelplateau, schritt die Ränder ab und suchte nach dem Rinnensystem, das nach Süden führte; denn nur durch diese Rinnen konnte man von oben her das Felsband erreichen.
Der Mond war untergegangen. Aber die Nacht war klar und voll von Sternen. Dimai sah unten das Felsband hell heraufschimmern, sah tiefer noch den Sandriß in der kalkweißen Mure und konnte den Beginn der eigenen Stellungen erkennen, die als feine schwarze Linie sich über den breiten Satteleinschnitt hinüber zum zerschossenen Werk Tra i Sassi und jenseits zum steilen Horn des Hexenfelsens hinaufzogen. Dann schritt er über das felsige Auf und Ab, bis er an eine Stelle kam, wo ihm gegenüber, nur durch den Stock der Falzaregozinne getrennt, die Tofana dunkel aufwuchtete. Die Tofana – alte Erinnerungen wurden in ihm wach. Die tiefe Mulde des Travenanzestales schied die Masse des Berges von dem leicht erhellten, wilden Gewirr der Faneszacken. Still war's auch dort unten in der Taltiefe, obwohl sich auch da Menschen auf Tod und Verderb lauernd gegenüberlagen.
Der Abstieg mit den Leuten war leichter, als Dimai erwartet hatte. Die Bayern waren berggewohnte, zähe Burschen. Vorsichtig und mit Bedacht stiegen sie hinab, damit kein fallender Stein verriete, was im Gange war. Sicher und ruhig kletterten sie dicht hintereinander im tiefen Dunkel durch die brüchige, schotterige Steile. Während einer kurzen Rast ging Dimai mit Staudacher vor, um sich zu orientieren.
Noch war kaum der Morgen zu spüren, da hatten sie schon das Band erreicht. Knapp hundertfünfzig Meter hinter ihnen zogen sich die bedrohten eigenen Stellungen hin, und fast senkrecht unter ihnen war die helle Mure mit dem Sandriß.

Als die Sonne aufging, lag die Patrouille Dimais schon hinter den niederen, losen Mauern, die sie sich in Eile zwischen die Felsblöcke gebaut hatte.
Zwei Männer blieben auf Posten und spähten hinunter zu den Italienern.
Um sieben Uhr geschah's. Zwei italienische Kompanien stiegen in Zickzackformation durch den Sandriß von der Straße her gegen den Col alto herauf. Die abgelösten Kompanien machten sich fertig zum Absteigen. Das gab ein Gewimmel von Soldaten und Offizieren. Dimai hob vorsichtig sein gelbes Signaltuch in Richtung der Sperre, die still, wie ein gestrandetes Wrack, dort drüben am Sattel lag.
Der Augenblick war gekommen: »In Gottes Namen – es muß sein, wir oder die anderen!«
Von der Höhe herab schleuderten die zehn Mann mit einem einzigen Schwung ihre Handgranaten auf die unter ihnen aufsteigenden Soldaten. Die Wirkung war furchtbar. Noch begriffen die Alpini nicht recht, woher der Tod kam, da schlugen abermals Handgranaten mitten in ihre Reihen. Einzelfeuer fuhr in die Zögernden – die Offiziere, die Chargen und Soldaten schrien und gestikulierten. Die am tiefsten in der Geröllgasse standen, hatten schon kehrtgemacht. Dann suchten sie, in wildem Schrecken übereinanderstürzend, sich jagend und hetzend, in eiligem Rückzug Deckung unter Überhängen, in Felskaminen und hinter Gratstükken.
Das war das Ende, und damit war die Sattelstellung gesichert und die Besetzung des Lagazuoi vorbereitet.
Als die Tiroler in den Sandriß hinüberstiegen, den verwundeten Alpini zu helfen, setzte schweres Vergeltungsfeuer der italienischen Artillerie ein. Stundenlang lag die Stellung unter heißem Granatenhagel. Dimai mußte mit seinen Leuten hinter Blöcke flüchten und in Nischen kriechen.

Das Felsband des Col alto blieb besetzt. Wie stoßbereite Falken richteten sich die Kaiserjäger in ihrem Horst ein. Unter diesem Flankenschutz konnten die Gräben bis an den Sandriß vorgetrieben werden, und zum weiteren Schutz der Sattelstellung wurde nun auch die ausgedehnte Kuppel des Gipfels selber besetzt.
Den kurzen Infanteriestutzen schußbereit in die linke Armbeuge geklemmt, das Seil quer über der Schulter, stieg Dimai zurück. Wenn nicht das Knurren und Heulen der italienischen Granaten gewesen wäre, hätte er in dieser großen, herrlichen Welt Gottes sogar den Krieg vergessen können. Hinter einem Felsblock blieb er stehen. In der Ferne zeigte sich die kühne, mehrgipfelige Kette der Zillertaler Eisberge, der Hochfeiler und knapp links dahinter die breite Kuppe des Olperer und das spitzere Horn des Schrammacher! Ganz nah aber schoß der Saß Songher steil himmelwärts mit seiner verwegenen Südwand, die er vor zwei Jahren – ja, genau zwei Jahre waren es her! – mit dem Grafen Franchetti durchklettert hatte.
Franchetti? Ob er den Conte noch einmal wiedersehen würde? Was war wohl aus ihm geworden?
Ob dieser Krieg einmal aufhören würde?
Wie wenn er von einer schwierigen Tour zurückkehren würde, stieg er durch das Zirbelgelände zwischen fußhohem Alpenrosengestrüpp abwärts. Der Todeslärm der Front fiel immer mehr zurück.
Von der letzten Kehre des Weges stieg er gleich unmittelbar gegen das Sarébachlager. Er genoß die Augenblicke, die er allein verbringen konnte. Es war schon abenddunkel geworden, als er »zu Hause« eintraf – was eben in diesem Kriege »zu Hause« genannt wurde.
Vor der Küche herrschte großer Andrang. Die Leute standen mit ihren blechernen Menageschalen und warteten, daß

man ihnen den schwarzen Zichorienkaffee aus der dampfenden Riesentonne einfüllte. Staudacher war ihm schon vorausgeeilt.

»Du, Florian, komm schnell. I muß dir was zeigen: Einen ganz besonderen Vogel haben wir heut eingefangen. Einen ganz raren.« Und er pfiff dazu: »Ziwui, ziwui, ziwui!«

Staudacher bog um die Küchenbaracke herum und ging hinüber zu der neuen, vor ein paar Tagen fertig gewordenen Unterkunft. In langen Reihen, wie Vogerln auf der Stange, saßen die Männer auf gestapelten Brettern und schlürften ihren schwarzen Kaffee.

»Da hockt er, der Vogel!« lachte Staudacher.

»Venizi?« rief Dimai. »Meiner Seel, bisch es wirklich! Das heiß ich einen guten Wind, der dich daherbringt!«

Ja, er war es wirklich, der Dorfschmied und Standschütze Venizius Alverà.

Wie Brüder begrüßten sie sich. Dimai legte ihm beide Hände auf die Schultern und drehte sein schwarzbärtiges, dunkelbraunes Gesicht mit den kleinen Äuglein, die so wasserblau treu und zugleich ein bißchen verschlagen in die Welt schauten, zu sich her ins Licht.

Alverà lachte über das ganze Gesicht, seine Augen wurden noch kleiner.

»Laß dich anschauen, Venizi. So gschwind geht das net, wenn man sich über ein Jahr lang nicht mehr gesehen hat. Und wir, wir sind gar keine richtigen Cortineser mehr: russische Lausköpf sind wir in der Zwischenzeit geworden, richtige Tschutschen. Erst in den letzten Wochen haben wir uns wieder ein bissl derfangen und heimgewöhnt, wenn's auch das Rechte noch nicht ist. Gut schaust aus, Venizi! Erzähl gschwind, was gibt's Neues daheim?«

»Daheim? Bin ja selber schon lange nicht mehr daheim. Aber i glaub, soweit ischt woll alles gut und gsund unten in Cortina. Nur Zeitlang werdens halt haben, Florian, Zeitlang. Ich bin grad zwei Monat fort, hab nichts mehr ghört und nichts mehr gesehen außer der Peutelsteiner Straßen und hab, wie soll ich denn sagen, halt auch Zeitlang nach z'Haus. Ja, wer da ein Jahr weg ist, den packt's gewiß viel ärger, schon gar einen, der seine junge Frau drüben hat, gell Florian?«

»Meinst schon, daß sie gsund sind? Und daß es ihnen gutgeht? Und haben s' zu leben und zu essen? Werden s' auch nit schikaniert?«

»Man kann's nur hoffen! Ein paar Gefangene haben wir vorige Woche verhört. Aber, weißt schon, wie wenig man von denen erfährt.« – »Und was hörst von den anderen, die mit den Standschützen ausgezogen sind?«

»Die sind alle bei uns, Florian! Der Lardschneider, der Tschagg-Paul und der Saretin sind mit mir vom Vallon herunter jetzt auf Retablierung gekommen. Tino Colli ist eh schon länger da, wirst es ja wissen, drüben auf der Lagazuoialm. Das Bübel vom Settele, der Gino, ist auch munter bei uns.«

»Ist niemand während der ganzen Zeit nach Haus, ich mein' nach Cortina, gekommen?«

»Na, wie soll denn einer ins Dorf kommen, frag' ich? Da steht ja der Krieg dazwischen. Hab i net recht? Da sind wir, drüben sind die Unseren, Frauen und Kinder, und dazwischen stehen die Italiener und führen mit uns Krieg.«

»Horch, Venizi«, sprang Tschäms auf und fuhr sich mit allen zehn Fingern durch seine Haare, daß ihm der brennende Schopf steil nach oben stand, »in Galizien, da hat der Florian ghört, daß er a Kind kriagt, net er, versteht sich, sondern die Seinige, die Pia . . .«

Alverà pfeift durch die Zähne und lacht: »Kinderkriagn und net dabeisein?«

»Net dabeisein«, nimmt Tschäms das Wort auf und zerrt verzweifelt an seinem roten Haarschopf, als könnte er damit dem Freund helfen, »und net einmal wissen, ob es ein Bub ist oder ein Madl!«
»Das sollt man halt wissen!« bläst Staudacher in seinen schwarzen Bart und kratzt sich hinter den Ohren, »aber wer kümmert sich im Krieg um Weibersachen? Etwa ischt es ein Madl!«
»Nix da – ein Bub!« schreit Albert dagegen und fuchtelt, lang und dürr, mit den Händen.
»Madl – Bub, Madl – Bub«, zählt es Tschäms an den Rockknöpfen aus und triumphiert: »Bub –!«
»Du mußt den ausgerissenen Knopf mitzählen«, meint Staudacher bedächtig, »dann wird's ein Madl!«
Venizi Alverà aber schaut in die Gegend hinüber, in der Cortina liegt und der kleine Weiler Majon, wo Florian Dimais Haus steht und Pia, vielleicht gerade mit dem Kind auf dem Arm, auf der Hausbank sitzt. Er zieht die linke Schulter hoch und meint: »Wissen sollt man es halt!«
Dimai aber, der dem ganzen Disput nur unwillig mit halbem Ohr zugehört hat, als ginge es gar nicht um ihn und seine Angelegenheiten, sondern um einen anderen, wischt mit einer heftigen Bewegung das Gespräch zur Seite und beginnt wieder nach den Kameraden zu fragen, von denen er lange nichts mehr gehört hat, vom Noggler Franz, vom Peter Rungaldier, vom Hans Pescosta.
»Der Pescosta? Ja, hast das net ghört? Zu Pfingsten, grad wie Italien den Krieg angefangen hat, ist er gefallen.«
Das geht Dimai gewaltig nahe. Hans Pescosta! Der mit ihm so viel Bergfahrten gemacht hat und ihm dabei ein guter Freund geworden ist.
Dimai will nicht weiterfragen. Es ist nicht gut, Erinnerungen zu beschwören. Die Gegenwart fordert ihr Recht. Und

die Gegenwart ist – für ein paar Stunden wenigstens – schön.
Lange hocken sie beieinander, die Männer aus Cortina. Nun kommt gar noch Tino Colli, der Wirt vom »Croce bianca«, dazu. Er hat, seiner alten Gewohnheit gehorchend, zwei Feldflaschen voll Wein mitgebracht.
»Bischt doch dein Geld wert, Tino, alter Weinpanscher.«
Sie erzählen sich von ihren Erlebnissen, von lang zurückliegenden und von den jüngsten, vom Col alto, den Dimai mit seinen Leuten gerade noch rechtzeitig vor den Italienern besetzt hat.
Es geht sehr lebhaft zu an diesem Abend, in dieser Nacht, denn der »Croce-bianca«-Wirt, der überall, wenn es sein müßte, selbst in der Wüste Sahara Wein herbeizaubern kann, hat noch weitere drei Feldflaschen voll »Rötel« dahergebracht. Sie reden von allem möglichen, obwohl sie in dieser Stunde alle das gleiche denken. Aber davon spricht keiner, darüber schweigen sie hartnäckig.
Erst spät in der Nacht, als sie wieder auf ihr Strohlager kriechen, meint Tschäms: »Wenn man bloß diesen gottverfluchten Krieg für ein paar Stunden einstellen könnt, dann wäre es leicht, einen Spaziergang zu machen, heimzu.«
»Zu deinen drei Bräuten, gell«, murrt Staudacher, und zieht sich die dicke Roßdecke über die Ohren.
»Drei? Da hast du dich verrechnet, Staudacher, wenn ich alle zähle, sind's mehr, ein halbes Dutzend mindestens. Aber i wär schon mit ein paar Stunden Waffenstillstand zufrieden, damit ich wenigstens mit der reden könnt, die am nächsten ist, und die geht euch alle mitsamt nichts an!«

8

»Mei Liaber, ja, die höheren Gewalten!« Dimais Lieblingsspruch war wieder einmal am Platz. Aus der Glut tagelanger sommerlicher Sonne waren die Männer in die Sintflut eines nicht endenden Regens geraten.
Eines Tages mußten sich die Zugführer und Säbelchargen melden, bekamen etwas von einer neu aufzustellenden Streifkompanie zu hören und erhielten den Auftrag, ihre Züge nach berggewandten Leuten mit reicher alpinistischer Erfahrung durchzumustern. Das war schnell ausgeführt.
Dimai hatte fast alle, die aus Cortina waren, um sich gesammelt und stellte voll Stolz beim Antreten »seine« Mannschaft vor, wenn sie auch ihrer Herkunft nach ein recht buntes Gemisch aus Kaiserjägern zweier Regimenter, aus Landesschützen, Landstürmern und Standschützen war; doch einerlei, welche Uniform sie trugen, sie waren alle berggewohnt, zäh, tüchtig und zuverlässig. Dann tauchte ein frisch aus dem Hinterland importierter Fähnrich auf und übernahm ohne viel Ansprachen und Umstände den anderen Zug, und Oberleutnant Sedlacek von den Dritten Landesschützen wurde Vater und Herr der neuen Streifkompanie. Freilich, Leutnant Kall wäre ihnen als Kompaniechef lieber gewesen, ihn kannten sie schon. Aber wer weiß, wohin ihn der Krieg verschlagen hatte.
Aber mit dem »Streifen« war's bei der »Streifkompanie« einstweilen nicht weit her. Die alpine Ausrüstung wurde

ergänzt, die Rucksäcke wurden pfropfvoll gepackt. Dann hieß es »Vergatterung«, Abschied nehmen von den Fleischtöpfen und den guten Schlafstellen des Sarébachlagers, »Habt acht!« und »Umhängen!« und »Rechtsum, marsch!«

Über den weiten, schönen Kessel der Lagazuoialm, der ein wichtiger Umschlagplatz für Soldaten, Menage und Kriegsmaterial geworden war, ging es bergwärts. Wie schwerbepackte Maultiere, mit den Köpfen im Gehtakt nickend, stiegen sie, Mann hart hinter Mann, auf die verkarstete Hochfläche hinauf.

Unweit des kleinen, dunkelgrünen Sees, an dessen weltentlegenen Ufern auch schon allerlei Baumaterial und Kriegsgerät lagerte, warfen sie sich und ihre schweren Packen ins letzte Almrosengestrüpp und streckten alle viere von sich.

Der Fähnrich studierte eifrig die Karte und deutete zu den brüchigen, zerrissenen Bergen und Türmen empor, deren fast unnahbar scheinende Wände und Kanten aus grauem Schutt und Geröll jäh gegen den Himmel sprangen. Nach und nach drehten auch die Jäger ihre Köpfe herum und schauten hinauf, wo die Gegend mit Kalkfels vermauert schien und nur mehr Vögel etwas zu suchen hatten.

»Ja, ja, Leut, dort hinauf!« meinte der Fähnrich. »Das wird unsere nächste Sommerfrische!«

»Florian«, fragte Tschäms, »da hinauf? Du, das glauben einem ja net einmal die nächsten Verwandten!«

»Auf!«

Im nachgebenden Geröll knirschen die Tritte. Im Gänsemarsch streben die achtzig Männer nach oben, kleben mit geduckten Köpfen fast am Rücken des Vordermannes, müssen stehenbleiben, wenn dieser ausschnaufend stehenbleibt, stecken die Hände unter die einschneidenden Rucksackrie-

men und schieben die Stutzen bald nach links, bald nach rechts.
Die Schlucht ist erreicht. Erschöpft fallen die Männer, von der Rückenlast zu Boden gezogen, nach hinten auf die Felsen. Müde sind sie, tropfnaß vom Schweiß, hungrig, aber bei gutem Humor. »›Die Woche geht gut an‹, hat der Dieb gsagt, wie sie ihn am Montag gehängt haben«, verkündet Tschäms laut.
Dimai lacht. Ihm ist immer wohl, wenn er Fels um sich hat.
Dann steigen die ersten weiter und klettern in der blockgesperrten, von Steinschlag durchschmetterten Schlucht zwischen senkrechten Wänden Schritt um Schritt empor, der Fanesscharte entgegen. Ein paar ganz schlechte Wandstellen sind schon notdürftig gangbar gemacht: Hölzerne Sprossenbäume lehnen an einem Felsabsatz, eine schwankende Leiter überbrückt eine Kluft, fixe Seile mit Griffknoten hängen über Wandstufen herunter. Da hat das Alpindetachement gut vorbereitet.
Gegen Abend erreichen sie endlich die hochgelegene Scharte, ein steinwurfbreiter Einriß zwischen ungangbaren Zinnen und Zacken. Unter einer Felsausbuchtung steht auf zwei Pfosten ein Schrägdach, aus Brettern gefügt, mit Dachpappe darüber, eine elende, wandlose Unterkunft für die Mannschaft. Dieses schräge Dach, dazu ein paar Felslöcher, Gruben hinter Blöcken, sind Quartier, Kaserne, Wohnung, Heim für die müden, von der Schwere des Gepäcks wundgestriemten achtzig Männer, die nun nach und nach in der Fanesscharte auftauchen.
Kurze Rast – an die Arbeit. Keine Zeit zum Schauen.
Im Geschröf und Geblock schuften die Männer, scharren sich mit Spaten, Bajonett und Händen Schlafplätze zurecht, türmen Steinklötze zu Mauerwerk, spannen Zeltblätter darüber, suchen sich Höhlen und Nischen, hocken sich hin-

ein, schlingen heißhungrig ihre kalte Konserve hinunter und fallen, wo sie liegen, in den tiefen, grundlosen Schlaf der Erschöpfung, der vom Tod nicht weit entfernt ist.
Bei Tag und Grauen weckt sie die Kälte, die erbarmungslos durch Kleider und Knochen zieht. In klatschenden Tropfen prasselt es vom regenträchtigen Himmel nieder. Nebel winden sich wie nasse Tücher um Zacken und Zinnen, und ein eiskalter Wind pfeift durch die Scharten. Im frühen Licht kriechen sie aus den Zeltblättern und schauen sich grau und übernächtigt an. Sie begreifen, daß rasches Zupakken und Handeln ihr eigener Vorteil ist. Schnell sind die Aufgaben verteilt: die halbe Mannschaft steigt zurück zu Tal, um, verstärkt durch die aufgebotenen Trägerkolonnen, Bretter und Balken zu holen; eine Telefonpatrouille spannt über die Felswände die Drähte, die die nötige Verbindung nach hinten sichern; die übrigen arbeiten an der neuen Stellung. Die Fanesscharte muß ausgebaut werden.
Im strömenden Regen, mit leerem Magen, verrichten die Männer ihr Werk, sie wälzen Blöcke, tragen Steine. Das Wasser läuft ihnen unter den klebenden Haarsträhnen den Hals hinunter, rieselt über den Körper und sammelt sich so in den Stiefeln, daß es bei jedem Schritt aus den Schäften spritzt.
Mittags liegen ein Stapel Bretter, ein Dutzend Dachpappenrollen in der Scharte. Abends steht schon eine notdürftige Unterkunft da, spannt sich ein Küchendach über den Fels. Vier Schwarmöfen qualmen. Ein bißchen Wärme, um sich trocknen zu können. Was hilft es? Vier Tage lang bleibt den Männern kein Faden am Leib trocken.
Blindgrau Morgen für Morgen, Tag für Tag. Aus den Wänden dampft der nasse Nebel. Ohne Sonne und Sicht tröpfeln die Stunden dahin. Durchnäßt, durchweicht ist alles, was sie am Leibe tragen, der Tabak, der große Freund und Tröster,

die Zündhölzer, alles Papier, naß ist das Holz, naß sind der Rock, das Hemd, die Stiefel, die Haut.
»Ja, mein Lieber, die höheren Gewalten!« sagt Dimai. Der Spruch macht vieles leichter.
Nach einer Woche aber ist es erreicht: zwei ordentliche windfeste, regensichere Holzbaracken ducken sich, vom Feinde ungesehen, in die Felsen, ein Hüttchen für die Offiziere klebt, nur auf Leitern zugänglich, wie ein Schwalbennest am Kalkgemäuer. Die »Badewannenzeit«, die bösen Tage, in denen man in wassergefüllten Löchern schlief, ist überstanden. Mit dem ersten Lied, das die Soldaten anstimmen, ist alles vergessen. Tschäms hat dieses Lied aufgebracht. Alle singen das lustige Strophen- und Melodiengemisch mit, das zum Leiblied der Streifkompanie wird:

»... mit ihm sein Land Tirol!
– und das nicht nur zur Sommerzeit,
nein, auch im Winter, wenn es schneit.
O Tannenbaum! O Tannenbaum!
Wie treu sind deine Blätter!
Und dazu schönes Wetter.
Alle Vöglein sind schon da,
alle Vöglein, alle.
Amsel, Drossel, Fink und Meise
und die ganze Vogelsch ...
Und das Wasser und der Sturm –
und der liebe Fanesturm
der Col alto nebenbei,
es lebe hoch die Jagerei! –«

Während der Regenzeit war es rund um das Travenanzestal stiller geworden.
Aber dieses wilde Bergtal ist eine böse Falle, eine Falle, in

der die Menschen jeglicher Gefahr wehrlos ausgeliefert sind. Ausgeliefert der Kälte, dem Sturm, Steinfall, Blitz und Sturz – ausgeliefert dem eisernen und weißen Tod. Von allen Verbindungen sind die tapferen Männer abgeschnitten. Auch am Nordausgang dieses Tales steht der Feind, steht also der Front im Rücken und in den Flanken. Jeder Bissen Essen, jede Patrone, jedes Brett, der Stacheldraht und das Werkzeug, alles muß den weiten, schweren Weg vom Gadertal über Sarébach hinauf auf die Höhe des Faneskammes und dann, angesichts des Feindes, der mit eingespannten Gewehren jeden Schritt des Abstiegsweges beherrscht und belauert, wieder hinunter in das zwischen der Fanesgruppe und der Tofana liegende Travenanzestal gebracht werden.
In dem riesigen Felsenzirkus hocken versprengt und verloren die Jäger der Streifkompanie hinter hausgroßen Blökken, lauern, ganz auf sich selbst gestellt – in der steinstillen Öde wie Wildschützen auf ihre Beute. Ihre zusammenhanglosen Schlupfwinkel kennt kaum der Kommandant. Das ist das berühmte »Geheimnis von Travenanzes«, das Freund und Feind gleich viel Sorgen macht.
Überall an der Bergfront der dreigeteilten Tofana brannte es in diesen Julitagen.
Noch hielt die große Tofana – die Tofana eins – stand. Aber die zweite und dritte Tofana waren verlorengegangen. Die Patrouillen, die diese Gipfel besetzt hielten, konnten weder von einer Verbindung noch mit irgendwelchem Nachschub erreicht werden. Es blieb ihnen keine andere Wahl: sich ergeben oder zurückgehen. Die kümmerlichen Reste dieser vorgeschobenen Feldwachen kamen zermürbt, halb verhungert und völlig ausgemergelt, Tod und Grauen im Gesicht, zurück. Auch die schwachbesetzte Cima di falzarego fiel in diesen Tagen in die Hände tapferer Alpini, die in der

Nacht die Steilwände durchklettert und den Gipfel gestürmt hatten.
Die Besatzung des Faneskammes und des Col alto mußte diese Verluste ausgleichen. Viel fehlte nicht, und der Feind hätte das Travenanzestal abgeschnürt. Aber alle Versuche der Italiener, von der dritten Tofana über die Bänder ins Tal vorzudringen, wurden abgewiesen.
Am heißesten tobte der verzweifelte Kampf um die Fontananegra-Scharte, jenseits der Tofana prima. Zu ihr konnte man aus der grauen Felswirrnis des Masarékars nur über einen Stiftenpfad, eine wahre Jakobsleiter, gelangen. Fast dreihundert Eisenstifte liefen an der kirchturmhohen Wand in die Höhe, mußten Leitersprossen ersetzen. Das war der Zugang. Die kleine Unterkunftshütte des Alpenvereins, die sich an die Felsen der Scharte schmiegte, wurde den Standschützen, die diesen wichtigen Übergang zwischen den Tofanen zu verteidigen hatten, zur Festung. Aber bald war die Hütte in Trümmer geschossen, ein Teil ihrer Bewohner verschüttet und erschlagen. Der nackte Felsboden gab den Überlebenden kein Schlupfloch, kein Lager, keine Deckung. Die Munition wurde knapp. Wie Anno 1809 wurde der anstürmende Feind mit jäh losgelassenen Steinlawinen abgewehrt. Drei schreckliche Wochen lang lag die Besatzung ohne Schutz und Hilfe in Schneesturm und Regen und feindlichem Feuer.
Als die zweite Tofana verlorengegangen war, war das Aushalten in dieser Stellung noch schwerer geworden, denn jetzt überhöhten die Italiener die heißumkämpfte Einbruchstelle. Den Alpini war es wiederholt gelungen, bis in die Stellungen einzudringen, aber immer wieder wurden sie hinausgeworfen, und manchmal kam keiner der Angreifer lebend zurück. Als am 20. Juli General Cantore, der berühmte Führer der Alpini, seine Truppen zum letzten An-

griff auf die Fontana negra führte, schickte auch ihn, den großen General, dessen Denkmal heute in Cortina steht, die Kugel eines Tiroler Standschützen in den Tod.

Die schweren Kämpfe machten den Ausbau der Bergränder rund um die »Falle« von Travenanzes nötig. Von den Scharten im Faneskamm aus trieb man gegen den Col alto Wege vor, die aus den Felswänden herausgemeißelt werden mußten, überkletterte die brüchigen Bergspitzen, die Zakken und Türme, besetzte die Gipfel und Scharten, nistete sich in beherrschenden Adlerhorsten ein, legte Minenfelder an, spannte Stacheldraht und machte das Gebirge zur Festung. Ununterbrochen ging der Regen nieder.

»Die Sonne scheint wieder amal in Strömen«, sagte Tschäms und jammerte, daß er seinen bunten Bauernombrell, das schöne Cortineser Regendach, mit dem er vor einem Jahr von zu Hause ausgerückt war, gegen zwei alte Hennen eingetauscht hatte.

Ja, dies waren die Tage, in denen die Fontana negra und die große Tofana verlorenging. Ein einziger Mann kam lebend aus der Stellung zurück.

Doch in den Fanesstellungen ging die Arbeit weiter. Felskamine wurden mit Leitern steigbar gemacht, Postenhütten hingen an Mauerhaken und Drahtseilen über Gesimsen. Seile wurden gespannt, um sich an den Abstürzen entlanghangeln zu können. Manchmal wurde es den Posten auf den abgelegenen Feldwachen zu spät zur Rückkehr, oder es war zu weit, dann blieben sie die nasse, lange Nacht draußen und banden sich mit Seilen an den Felszacken fest, um nicht schlaftrunken in die Tiefe zu stürzen. Sie überstanden auch diese böse Zeit. Sie hatten es sich längst abgewöhnt, dem Schicksal mit unbescheidenen Wünschen zu kommen. Ihre Gesichter aber wurden hart und kantig wie der Fels, der um sie wuchs.

Und dann: Schnee!
Über Nacht war der Winter gekommen. Die Berge hatten ein neues Aussehen erhalten, weicher die Formen, milder die felsdunkle Wucht, ausgelöscht die graue Öde der Kare, gedämpft jeder Laut.
Auf der zweiten Tofana hatte der Gegner ein Geschütz in Stellung gebracht, das in direktem Schuß mit grausamer Sicherheit überall hingriff. In den Wänden der Tofana eins hatten die Alpini verwegene, nur in abenteuerliche Kletterei erreichbare Schützennester angelegt, vom »Seppl« und »August«, wie die Tiroler die beiden Horste nannten, schossen die Alpini mit Zielfernrohrgewehren jeden einzelnen Mann aus den Felsen.
Aber die Männer gewöhnten sich auch daran, wie sie sich – und das war das Geheimnis ihres Durchhaltevermögens – an alles und jedes gewöhnten. Als sie jetzt vor den Gräben den Stacheldraht spannten, an den sie leere Konservenbüchsen hängten, damit ihr Klappern bei etwaiger Berührung des Verhaues den Feind verriet, da dachten sie kaum an die Schützen drüben hinter den Zielfernrohren. Staudacher hatte vom Graben aus seine Mütze auf einen der Pfähle gehängt, die das Verhau stützen. Als er gerade dabei war, mit wunden Fingern das sperrige Dornengeflecht zu bändigen, da fauchte es kurz in der Luft, und die Mütze auf dem Pflock machte einen kleinen Lupf, als säße etwas Lebendiges drin.
»He, Seppl«, schreit Staudacher, »hascht sie schun entdeckt, mei Kappn?«, nimmt vom Graben aus einen Stecken, unterfängt damit die Mütze und hebt sie langsam ein paar Fingerbreiten höher. »Peng, peng!« Winzige Fetzen fliegen aus dem Mützentuch. »Peng, peng!« noch mal zwei Löcher drin!
»Tuifl!« sagt Staudacher zu Tschäms, der mit aufgerissenen

Augen auf die Kappe starrt. »Mei Liaber, der schießt fei guat! I dank dem Herrgott, daß i mein Hirnkastl net in der Kappen drinstecken hab.« Aber das Spiel macht ihnen Spaß. Bald heben sie die Mütze, bald lassen sie sie verschwinden und freuen sich, wenn der »Seppl« von der Tofana herunter sein Pulver verschießt.

Dimai kommt des Wegs, um nachzuschauen, wie weit die Arbeit am Verhau ist, und sieht, wie die zwei den »Seppl« tratzen.

»Trottel, verfluchte!« schnauzt er sie an, »was Gescheiteres fallt euch net ein?«

Dann kriecht er die Verhauanlage ab, bis er an den äußersten Flügel kommt, zur »Alpenrosenwarte«, der vorgeschobenen linken Ecke des Col alto.

Prächtig sieht man von hier aus zum senkrechten Gemäuer der Tofana hinüber und in die Tiefe. Fast den ganzen Zug der Dolomitenstraße kann man überschauen, die jetzt dunkel von vielen Fahrspuren durch das Schneeland zieht und durch breite Tannenschirme getarnt ist, so daß man nicht entdecken kann, was hinter den grünen Schirmen vor sich geht.

Dimai liebt diese Ecke. Hierher geht er gern.

Heute hat er Alverà mitgenommen.

Das MG-Nest ist herzurichten. Der Schnee hat es zugeweht. Es muß aber heute nacht wieder besetzt werden; denn es liegt etwas »Angreiferisches« in der Luft.

Dimai und Venizi, die sich ohne viel Worte verstehen, schaufeln, daß der Schnee hoch im Bogen über die Achsel fliegt. Nach zwei Stunden ist der Horst wieder beziehbar, der Laufgraben frei, der Ausschuß für das Maschinengewehr klar. Die Verhaue sind intakt, Minen liegen darunter. Warm ist den beiden geworden. Sie hocken sich auf die Sandsäcke nieder.

Seltsamerweise ist Dimai heute gesprächig.
»Weißt du, Venizi, seit die Tofana gefallen ist, ist alles anders. Immer hab i gehofft, i krieg einmal eine Petroll dort hinauf – dreimal hat i mi gemeldet, nie is wahr worden –, jetzt ist's vorbei. I will es dir sagen: Von der Tofana aus hätte i nunter schauen können, hätt alles gesehen, den Ort, die Kirchn, Majon, das Häusl, weißt, Venizi, es ist ja net mehr zum Aushalten. In drei Stund wären wir z'Haus.«
Dann schweigt Dimai wieder. Aber seine Blicke gehen über das Gelände und bleiben an dem vorgeschobenen Turm, der einsam und unbeachtet im Vorfeld steht, haften. Aber weder Freund noch Feind haben an diesem Felspfeiler Interesse. Die Wandmauern sind spiegelglatt, die Grate dahinter überhöhen den Turm. An diesem letzten, abgesprengten Ausläufer der Faneskette ist nichts zu holen. Einsam wie eine tote Klippe in der Brandung steht er da.
Ganz erregt sagt Dimai plötzlich: »Du, Venizi, von diesem Turm aus, da müßt man hinaussehen können nach Cortina. Was meinst?«
Alverà nickt: »Woll, glaub's schon. Aber, Florian, was hilft uns das. Etwa wissen unsere Leut z'Haus gar net, daß wir da heroben sind, so nah bei ihnen?«
Die Frage hat Dimai überrumpelt. Daran hat er noch nie gedacht.
»Woher sollten sie das wissen? Nichts wissen sie. Die glauben alle, daß wir noch immer in Galizien sind, in Rußland. Nichts wissen sie von uns.«
»Und wir nichts von ihnen. Wer weiß, wie's ihnen geht, vielleicht sind sie doch evakuiert worden. Wir haben's ja auch mit Frauen und Kindern so machen müssen, in Galizien und auch hier herunten!«
Der Venizi bekommt bange Augen. »Ob sie wohl g'nug z'essen haben, zu leben, ein bissel Geld zum Hausen? –

Herrgott, Florian, manchmal könnt einem die Unruh und die Sorg schier mehr antun als so eine Kugel.«

Eine Weile schweigen sie. Dann sagt Venizi trocken: »Man müßt halt einmal nachschauen gehn.«

Dimai erschrickt, als hätte der andere seine eigenen Gedanken erraten. »So was soll man net sagen, Venizi.«

»Bloß denken, i weiß schon, aber i sag dir, Florian . . .«, aber alles Weitere sagen die Italiener. Es rauscht durch die Luft, röhrt und faucht und huiii – iii – fährt eine Granate knapp hinter ihnen in das Gestein.

Sie pressen sich an den Fels. Atemlos liegen sie, warten die Feuerpause ab und springen zurück und hinüber in den Graben. War etwas Besonderes im Abschnitt los, so war es fast immer Dimai, der dazugerufen wurde. Und ihm war es recht. Er war, äußerlich zumindest, von einer unerschütterlichen Gleichmütigkeit, als hätte er sich längst mit seinem Schicksal abgefunden.

Zug um Zug, Stück um Stück, Gipfel um Gipfel arbeiteten sich die Männer der Streifkompanie gegen die große Eckbastion des Bergkammes, den Col alto, vor, der der Stützpfeiler des neuen, die Dolomitenstraße beherrschenden Stellungskernes sein sollte. Der ganze Faneskamm war nun gangbar gemacht und armiert, die Seilbahnwägelchen schnurrten munter auf und ab, funktionierten und erleichterten das Leben auf den einsamen Gipfeln. Als der Schnee schmolz, wurde der Col alto endgültig besetzt. Doch die Italiener hagelten mit allen Geschützen auf diese vorgeschobene Bastion los. Die Männer gruben sich Nischen und Löcher, in denen sie sich verkriechen konnten, wenn der Eisenwirbel über den Col alto niederging. Als besseres Werkzeug kam, wurden aus den Löchern Höhlen, schußsichere Kavernen.

Eines Tages war auch Beni wieder da, der jüngste von den

Männern aus Cortina, das Bübl, das so jung und zart ausschaute, daß man ihm unmöglich anmerken konnte, was es neben einem Lungenschuß alles Schwere hinter sich hatte. Beni war auch jetzt wieder das Bübl, der Benjamin, und kaum war er da, so nahmen ihn die Älteren, vor allem Dimai, väterlich in ihren Schutz.

Aber Beni war nicht allein gekommen. Mit ihm waren zunächst als Vortrupp Soldaten vom 3. Kaiserjägerregiment und vom Feldbataillon des 1. Regimentes in die Stellung gekommen. Sie lösten die Truppen des deutschen Alpenkorps ab, die in Serbien benötigt wurden.

Die Umgruppierung, die wohl auch ein Anzeichen für neue gewichtige Vorgänge war, brachte viel Unruhe mit sich. Es gab viel Gesprächsstoff, den die »Neuen« lieferten.

»Und Oberleutnant Kall?«

»Oberleutnant Kall? Der kommt auch!« sagte einer.

Das war eine gute Nachricht. Und wirklich: ein paar Tage später machte Oberleutnant Sedlacek seine Abschiedsvisite in der Stellung, schaute scharf nach, ob alles sauber und tadellos war und führte eine Stunde später den »Neuen« durch die Stellung.

Der »Neue« aber war der »Alte«!

»Grüß Gott, Herr Oberleutnant!« Immer wieder rief es einer, und Oberleutnant Kall freute sich, sooft er es hörte. Jeden kannte er noch, jedem gab er die Hand. Den Tschäms fragte er, ob sein Bart noch nicht eingefroren sei und ob ihm vielleicht die Italiener den Humor gestutzt hätten.

»Mit was etwa, Herr Oberleutnant? Etwa mit Polenta? Die gibt nix aus bei mir.«

Kall lachte herzhaft und alle stimmten mit ein, und damit war die in Galizien geschlossene Freundschaft besiegelt.

Aber Kall ließ es nicht beim Händeschütteln und Grüß-Gott-Sagen bewenden. Er griff sogleich tüchtig zu. Die Ka-

verne lag ihm besonders am Herzen und nicht minder die vertrackte Südkuppe. »Das ist das eigentümliche der ganzen Stellung«, sagte er zu Dimai, »dort vorn wird's noch manche Rauferei geben, aber solange wir den Col alto halten, gehört die ganze Gegend uns.« Die Maschinengewehrnester wurden stärker eingedeckt, der Laufgraben besser verbohlt, die Postenstände statt durch Steinmauern durch Sandsäcke geschützt. »Und für mich könnt ihr dort drüben in der Felswand ein Kriegsbüro zimmern«, meinte er.
Zimmerten sie ihm also ein »Kriegsbüro«! Wie ein Vogelkäfig hing die Hütte an der Felswand, hatte ein schiefes Dach, damit der Lawinenschnee gut drüberfegen konnte, sogar ein Fenster paßten sie ein. Ein Geländer sicherte das schmale Felsband, das unter der Felswand zur Hütte hinüberführte. Eines war praktisch: der Pfeifendeckel Kluibenschädel – er hieß wirklich so und sah auch ganz danach aus –, Kluibenschädel also konnte die Abfälle und den Kehricht gleich aus dem Fenster schütten. Hundertfünfzig Meter fiel das Zeug pfeilgerade in die Tiefe.
Jene Hälfte der »Kallbude«, wie das hängende Wochenendhäusl genannt wurde, die nicht vom Bett beansprucht war, diente als Kanzlei, als Wohnzimmer, Studierstube, Salon und Empfangsraum. Unter das Tofanafenster war ein aufklappbarer Tisch aus Kistenbrettern genagelt, aus der Wand ragten – genial von außen nach innen geschlagen – lange Drahtstifte, auf die alle papierenen Befehle, die Marodenlisten, die Zuschubzettel, der tägliche »Feuergewehrstand« und ähnliches gespießt wurden – das war die Registratur, der Einlauf und das Archiv –, zwei Bleistifte hingen an Spagatschnürln an der Bretterwand, einer für die Kanzlei, der zweite für die Telefonabteilung, und als Sitzgelegenheit diente für den Kommandanten, für Besucher, Telefonisten, Kanzleipersonal und für den Pfeifendeckel das Bett. Der Te-

lefonkasten mit Hörer, Taster und Summer stand auf einem Brettl an der Wand. Später wurden noch weitere Verbesserungen vorgenommen. Eine Munitionskiste wurde zum Schreibsessel befördert, und in der Ecke hing jetzt ein leerer Benzinkanister, eine geradezu ingeniöse Einrichtung, zur modernen Versorgung mit fließendem Warm- und Kaltwasser, das lediglich oben hineingeschüttet zu werden brauchte, um, wenn man den Holzstöpsel herauszog, unten herauszufließen, vorausgesetzt, daß welches zur Verfügung stand. Dann floß es im Sommer warm und im Winter kalt heraus. Hier also hauste Oberleutnant Kall.

Das Jahr war im Schwinden! Aber vor Eintritt des Winters wollten die Italiener noch einen entscheidenden Schlag gegen die Bergstellungen in den Dolomiten führen. Eine ganz neue Kampfart setzte ein. Vor allem ging es den Italienern, wie Major Kostner richtig prophezeit hatte, um den Col di Lana. Unterirdische Sappen wurden gegen die vorgeschobenen österreichischen Stellungen vorgetrieben. Gleichzeitig lag ohne Unterbrechung erbarmungsloses Zerstörungsfeuer aller Kaliber auf der Gipfelkuppe. Die verschütteten, zerwühlten, eingeebneten Gräben wurden in der Nacht, so gut es ging, wieder hergerichtet. Meist in den frühen Morgenstunden griffen die Italiener an, hinter vorgewälzten Sandsackmauern und mitgeführten Panzerschilden gedeckt, immer aber vergeblich.

Auf dem »Stützpunkt 2250«, der östlich vorgeschoben war und zweihundert Meter unterhalb der Spitze des Col di Lana lag, lebten am Abend des 22. Oktober nur mehr wenige Mann. Der kommandierende Offizier war irrsinnig geworden. Nach dem achten Angriff und stundenlangem Trommelfeuer der Italiener fiel die Stellung. Am 26. Oktober mußte dann auch die sogenannte »Felsenwache« aufgegeben werden. Nur drei Jäger waren dem mörderischen Feuerhagel entronnen. Drei Tage später hatte das wahnwitzige Trommeln von hundertfünfzig Geschützen auch die »Infanteriestellung« vernichtet. »Col di Sangue«, Berg des Blutes, nannten die Italiener den Col di Lana.

Den nachbarlichen Verteidigungslinien, vor allem die der Col-alto-Stellung, kam nun doppelte Wichtigkeit zu. Der Col alto mußte gehalten werden, koste es, was es wolle.

Die Col-di-Lana-Spitze selbst war zwar am 7. November nach einem fürchterlichen Bombardement aus allen Kalibern so vollständig zertrümmert und zerstoßen worden, daß ihre Besatzung aus den Sappen heraus überrumpelt werden konnte; aber in der folgenden Nacht eroberte eine Kompanie der Landesschützen die Spitze in glänzendem Sturm zurück und behielt sie trotz aller Gegenangriffe fest in der Hand – bis zum 17. April des nächsten Jahres, bis zu jener Stunde, da mitten in der Nacht das Ungeheuerlichste geschah – und sie, angebohrt und unterminiert, in die Luft flog.

Jetzt aber bedeckten Schnee und Eis das Grauen. Die fallenden Flocken wehten die zerstückelten Menschenleiber ein und deckten den pulverschwarzen Schutthaufen, den die Granaten aus dem Berg gemacht hatten.

Oberleutnant Kall war ständig unterwegs, bald erschien er an der rechten Flanke, von welcher aus die Wachen von ihren Felsnestern aus die Südrampe beobachten konnten, bald tauchte er am Abbruch der Felsnase, die zur Vorkuppe hinführte, auf, dann wieder bei den Mineuren, die schweißtriefend mit Hammer und Meißel am Kavernenunterstand arbeiteten. Überall wußte Kall, der diese Berge schon vor dem Kriege kennengelernt hatte, Rat, und wo es dessen nicht bedurfte, hatte er stets ein paar gute Worte für die Männer. So jung er selbst war, den Soldaten seiner Kompanie war er wie ein Vater und genoß nicht nur den Respekt als Offizier, sondern auch die Liebe und die vertraute Anhänglichkeit seiner »Buben«, die große Stücke von ihm hielten. »Der Kall ischt allgegenwärtig wie der liebe Gott«, meinte einer. Trocken fügte Tschäms hinzu: »Schad, daß er nicht auch allmächtig ist wie der liebe Gott, sonst täte er wohl zuerst alle Italiener heimschicken und nachher uns und Frieden machen!«

Indessen hatte sich Kall Pläne und Vorstellungen über die Verteidigung der ihm anvertrauten Col-alto-Stellung zurechtgelegt, die ihm bald fast so ans Herz gewachsen war wie sein Vaterhaus im stillen Villnössertal drüben.

»Ob wir unser Heimattal da unten je wiedersehen werden?« fragte ihn Dimai einmal auf der Vorkuppe.

»Deswegen sind wir ja hier, lieber Dimai«, antwortete ihm Kall. »Deine Heimat wird so gewiß wieder österreichisch werden, wie wir hier stehen, da kannst dich drauf verlassen.« Aber sogleich fuhr Kall fort: »Und glaube mir, Dimai, diesmal geht es nicht nur um unser Tirol, diesmal geht es um unseren Kaiser und um unser großes Vaterland, um Österreich!«

9

Cortina – je weniger die Männer auf dem Col alto und im Travenanzestal von ihrer Heimat, der sie doch so nahe waren, hören konnten, desto heftiger beschäftigten sich ihre Gedanken damit. Ihr Heimatort lag ja nur wenige Kilometer hinter der Front. Die Österreicher hatten ihr gegebenes Wort gehalten und keinen Schuß auf Cortina abgegeben, obwohl sie wußten, daß sich dort ein italienisches Divisionskommando einquartiert hatte, dem das Verhalten der Österreicher sehr zugute kam; denn für die schwere österreichische Artillerie auf der Plätzwiese lag Cortina wie auf einem Präsentierteller da. Es wäre ein leichtes gewesen, die großen Hotels, in denen sich die italienischen Stäbe häuslich eingerichtet hatten, in Schutt und Asche zu legen. Doch kein Schuß fiel.

»Gott sei Dank«, meinte Tschäms, »wir werden wohl net so dumm sein und das z'sammenhauen, was zu uns ghört, bloß damit wir es hinterher, wenn der ganze Rummel vorbei ist, wieder aufbauen können.«

Ja, es war ein anderes Cortina als jenes, das sie im Sommer 1914 verlassen hatten. Als Kommando- und Etappenort der Italiener hatte das schöne Dorf zwischen den Bergen ein neues, fremdes Gesicht erhalten. Gewiß, das Leben war weitergegangen, die Geschäftsleute verkauften nun an die Soldaten statt wie früher an Fremde, die Gasthöfe beherbergten Offiziere an Stelle der Sommerfrischler, statt der

Postkutschen, Autos und Stellwagen zogen Munitionskolonnen, Lastautos, Bagagewagen, Geschütze und Sanitätskarreten die Straße entlang. Nur die Berge standen unverändert da als steinerne Wächter des Tals.
Die Bewohner von Cortina, Frauen, Kinder, Greise, versuchten ihr Leben auf ihre Art weiterzuführen, auch wenn sie sich nach außen hin den harten Notwendigkeiten willig fügten. Doch an ihrem Wesen hatte sich nichts geändert, sie warteten und baten Gott um Hilfe und Rat; denn sie waren genauso verlassen und einsam wie die Männer, die ihre Heimat hatten verlassen müssen.
Gleich unterhalb des Cortineser Kirchplatzes steht die uralte Kapelle »Zur Allerseligsten Jungfrau der Verteidigung«, »Alla beata vèrgine della difesa«. Die schöne Legende, nach der sie vor Urzeiten erbaut sein soll, kennt jedes Cortineser Kind.
Es hieß, vor grauen Tagen wollten die Langobarden den Ladinern ihr Land entreißen. Klein war die Schar, die ihre heilige Scholle in den Bergen verteidigte, groß der mächtige Heerhaufe, der das Land von Süden her überflutete. Da schien die Flucht in die Berge und die Preisgabe von Haus und Hof die einzige Rettung. Mit Spieß und Schwert, Mord und Brand rückte der Feind gegen die Bergler an. Hilft noch das Flehen der knienden Frauen zur Madonna, daß sie sich ihrer erbarmen möge? Zum letzten verzweifelten Kampf stellten sich die Bauern. Ringsum brannten die Höfe und die Wälder. Dicker grauer Nebel sank von den Bergen. Dicker war er noch als der schwelende Brandrauch, mit dem er sich vermengte. So dicht war er, weiß die fromme Sage, daß man nicht eine Manneslänge weit sehen konnte und der Tag fast zur Nacht wurde. Die große Schlacht war entbrannt, es klirrten die Waffen, Kampfgetös lief von den Vorderen zu den Rückwärtigen, von den Linken hinüber zu den Rechten,

die um sich stachen, schlugen und spießten, wohin sie trafen. Doch als die hochgestiegene Sonne den Nebel fraß, da erkannten die überlebenden Langobarden, daß sie sich gegenseitig erstochen und erschlagen hatten. Und entsetzt vor abertausend Leichen und Röchelnden flohen sie von Cortina.

Betend und dankend wallfahrteten die Frauen durch das Tal. Und die Madonna gab ein neues Zeichen ihrer Huld. Schnee fiel plötzlich mitten im Sommer und umkränzte einen rechteckigen Platz über dem Bigontina-Ufer. Wo es das himmlische Zeichen angab, bauten die Cortineser ihre Kirche »Alla beata vèrgine della difesa«. Die Frauen schleppten die Steine herbei und mörtelten, und die Männer fügten die Steine zum Bau. Kein Lebewesen sei in Cortina gewesen, das nicht mitgeholfen hätte.

Aller Unbill der Jahrhunderte habe das Heiligtum getrotzt, und kein Feind von den vielen, die in Kriegszeiten das Tal mit Mord und Brand durchzogen, habe sich an die geheiligten Mauern gewagt. Am späten Abend, wenn die Hausarbeit getan, das Vieh versorgt, der Hof instand war, kamen sie herab in den Ort, die Frauen der Berghöfe. Sie trugen keine bunten Schürzen mehr, kein helles Tuch. In Schwarz hüllten sie auch das Haupt und pilgerten den täglichen Weg zur Madonna.

Sie trugen schweres Leid, und niemand war da, sie zu trösten. Im Halbdunkel der kleinen Kirche weinten sie ihre Not aus und flehten um Hilfe.

Viele Tage und Monate waren dahingegangen, seit Florian Dimai und die übrigen wehrhaften Männer von Cortina fort in den Krieg gezogen waren. Und fast einen Abend um den anderen kam Pia vom Majoner Hof herunter, um in der Kapelle zu beten.

Getröstet ging sie wieder hinauf auf den Hof. Kaum ein

Wort sprach sie mit den Frauen aus dem Ort, die oft noch lange standen und klagten und schwatzten. Es war nicht Hochmut oder Fremdgewordensein. Ihr konnte niemand helfen, und der Alltag der anderen, das wußte sie, war nicht minder schwer als der ihre. Seit sie von Florian – das war nun drei Monate her – nichts mehr gehört hatte, war sie noch stiller geworden. Daß auch alle anderen in Cortina seit der gleichen Zeit nichts mehr von den Männern hörten, war ihr kein Trost. Ihr Herz aber sagte ihr, daß Florian leben müsse. Sie spürte gleichsam die Verbundenheit mit ihm bis in eine unbekannte Ferne, und das glückliche, unbekümmerte Heranwachsen des Buben, das Gedeihen des Hofes, der Tiere, der Ernte, der Glaube, daß die Gedanken des geliebten Mannes über allem walten müßten, verliehen ihr Stärke und Ruhe in der Schwere dieser Zeit.

Das schöne Dorf zwischen den Bergen hatte unter dem gewaltigen militärischen Betrieb ein neues, fremdes Gesicht erhalten. Es war zur unruhigen, von tausend gleich aussehenden Menschen belebten Kaserne geworden, in der die Einheimischen kaum mehr zur Geltung kamen. Auf den Wegen von und zu den Felsbastionen im Westen und Norden des weiten Talkessels marschierten schwerbeladene Soldaten, wo zu Friedenszeiten die Bergsteiger wanderten.

Cortina war einstweilen verschont geblieben von der Faust des Krieges. Das Wort war gegeben, kein einziger Schuß fiel in den Bannkreis des weißen Glockenturmes. Die Ruhe, die damit gewährleistet war, machte auch den Zurückgebliebenen das Leben erträglicher. Es ging ihnen fast gut; die italienische Armee war der zahlungsfähige, eifrige Abnehmer ihrer Waren und ihrer verschiedenen Erzeugnisse geworden, und umgekehrt mangelte auch ihnen kaum etwas.

Die zweite Heumahd, gut geraten, war mit Hilfe des neuen,

sechzehn Jahre alten Jungknechts und des aushelfenden Schluderbacher längst unter Dach. Pia hatte mit ihnen und einer Hilfsmagd die ganze schwere Arbeit des Sommers geschafft. Unbekümmert darum, daß ringsum das Tal und die Höhen vom unaufhörlichen Donner der Geschütze widerhallten, vom kettenlangen Knattern der Maschinengewehre und vom abgehackten Prasseln der Gewehre und ihrem bellenden, knurrenden Echo, hatten sie ihre Arbeit verrichtet. Dann und wann hatte Pia von ihrer Wiesenarbeit aufgesehen, hatte sich das sonnenschützende Kopftuch aus dem Gesicht gestrichen und hinaufgeschaut zu den Bergen, von wo das hallende Getöse kam. Sie wußte nur zu gut, daß jeder Schuß, den sie hörte, einem Menschenleben, jede Salve einem elenden Meter Raumgewinn galt. Sie fühlte und litt körperlich mit, was droben in den Bergen geschah.

Pia sah in jedem Soldaten den Feind, den Gegner ihres Mannes. Ihr Denken mündete – was immer es war – stets wieder bei Florian. Feindliche Soldaten wurden aufgeboten, um ihr den Mann zu nehmen, lauerten auf ihn im Hinterhalt, sprangen ihn an mit Kolben und Bajonett, zielten nach seinem Herzen. Und sie waren es auch, die Cortina beherrschten und sie und das Kind und den Hof von Florian trennten.

Oft dachte sie, daß es ja gar nicht gewiß sei, ob er noch in Rußland wäre. Man hörte ja gelegentlich von neuen schweren Kämpfen in Serbien. Manchmal durchzuckte sie auch plötzlich der Gedanke, ob Florian nicht unter denen sein könnte, die hier im Süden auf den Bergen gegen die Italiener kämpften. Aber er war gewiß nicht da. Und es war wohl besser, daß das nicht der Fall war. Für ihn, der das Bluten und Brennen der Berge nicht sehen mußte, sowohl wie für sie. Wenn sie ihn dort oben wüßte, auf den nahen Bergen, so nah und doch wohl ferner als je – sie würde es nicht ertragen können. Jeder Schuß, dessen Schall an ihr Ohr schlüge, könnte ja auf ihn zielen, jedes Geschoß, das die Täler überflog und an den Bergen zersprang, sein Leben auslöschen. Nein, es war gut, daß Florian weit fort war.

Noch immer kam Rosetta oft und gern zu ihr. Häufig begleitete sie Pia vom abendlichen Kirchgang herauf zum Hof. Aber es war schwer, mit ihr zu reden. Das junge Mädchen weinte immerzu. Es ließ sich durch nichts trösten und wollte es nicht verstehen, daß sie von Tschäms nichts mehr hörte. »Er ist gefallen«, jammerte sie und glaubte doch nicht an seinen Tod. Der Schluderbacher ließ sich wohl regelmäßig auf dem Hof sehen und bastelte da und dort ein bißchen herum, um seine Hilfsbereitschaft zu bekunden. Sonst kam nur manchmal des Sonntags die alte Plonermutter herüber zu Besuch, saß dann still und ohne zu klagen bei Pia und hielt deren Hand in ihrer eigenen, schmalen, runzeligen. Auf der anderen Seite neben Pia saß die Großmutter, deren Füße seit dem Frühjahr gar nicht mehr recht wollten, so daß sie nur langsam durchs Haus humpelte und nicht mehr recht zugreifen konnte. So saßen sie oft, bis die Sonne zu sinken begann, hörten zu, wie über den Bergen unaufhörlich der Geschützdonner rollte, und wußten bald, daß es Sonntage und heilige Tage bei diesem Handwerk nicht gab. Ganz still saßen sie nebeneinander, die junge Frau zwischen den beiden alten, und dachten alle drei dasselbe. Seit fast einem und einem halben Jahr hatten sie nichts anderes gedacht.

Der Winter war gekommen. Bis ins Tal herunter lag schon der Schnee, den ersten Tag noch zuckerig gestreut, daß der Boden in gesprenkelter Schwärze durchschimmerte, aber am nächsten Tag schon winterlich dick, als schwere, feste Decke. Die Lärchen schüttelten ihre rot gewordenen Nadeln ab, und an den Obstbäumen war längst das letzte fahle Blatt verweht. Das rieselnde Wasser schlüpfte schon unter den Winterpelz, und aus den Hauskaminen stieg der blaue Rauch.

Auf dem Hof von Majon aber war es dann ebenso wie auf den Nachbarhöfen lebendig geworden. Bisher waren die Gehöfte aus unbekannten Gründen von Einquartierung verschont geblieben. Nun wurde es aber wohl den Soldaten in den Holzbaracken zu kalt – oder war's, weil sie von den Bergen abgezogen wurden, um sich in Winterquartieren auszuruhen –, jedenfalls: vier Maultiere und sechs Alpini waren mitsamt einem Maschinengewehr auf Dimais Hof gelegt worden, und zwei Tage später bezog ein polternder Unteroffizier das hübsche kleine Zimmer unter dem Dach. Frau Pia nahm's als etwas Unabänderliches hin und tat, was an Arbeit, Duldung und Leistung von ihr verlangt wurde. Daß Florians Haus in seiner Abwesenheit von Fremden, von Feinden belegt und besetzt war, schnitt ihr bitter ins Herz. Ob wohl Florian ein Dach über dem Kopf hatte? Noch stiller wurde sie und wich den Soldaten, die durch das Haus rumpelten und sich oft in der Küche und in ihrer Nähe zu schaffen machten, ohne Wort und Blick mit ruhiger, sicherer Bestimmtheit aus.

Der ewig rollende Donner in den Felsenstellungen war zu einem gelegentlichen Murren und Brummen abgeflaut, das nur selten zu größerer Stärke anschwoll. Nachts spielten die Scheinwerfer. Deutlicher als im Sommer sah man die zukkenden bläulichen Lichtkegel wie ungeheure Gespensterarme über das silberne Schneeland geistern. Man sah jetzt auch alle Wege und Pfade deutlicher, die tief gespurt im Zickzack zu den Felsen hinaufliefen oder als dunkle Striche unter ihnen hinzogen. Darüber aber war es still und tot, wie erstickt unter dem Winterflaum, den dann und wann die Felsberge säubernd abschüttelten, und man ahnte es kaum, daß hier noch immer Soldaten auf ihrem Posten standen, daß noch immer der Krieg tobte.

Es klopfte an Pias Küchentür.

»Chi è?« fragte Pia, ohne aufzusehen, denn sie glaubte, einer der Soldaten sei es.

»Ein Freund, Frau Pia – con permesso.«

Pia fuhr zusammen.

In der sich öffnenden Tür stand in grüner, gepflegter Uniform, die Hand grüßend an den Alpinihut gelegt – Franchetti, der Conte Franchetti.

Mit wie zur erschrockenen Abwehr erhobenen Hand starrte Pia den Besucher an. Ihre erste Regung war, ihm, dem alten Freund des Hauses, Florians lieben »Herrn« und Kameraden, entgegenzueilen. Aber etwas hieß sie dieser Regung des Herzens nicht nachzugeben. Sie sah nur den Feind, den italienischen Offizier vor sich.

»Bitte!« sagte sie, sagte es so, als spräche sie zu einem Fremden.

»Frau Pia, Sie erkennen mich wohl nicht, Franchetti.«

Pia zeigte, daß sie ihn kannte: »Ja, Herr Graf.«

»Darf ich näher treten?«

Pia bewegte leicht bejahend die Hand. Sie sah vor sich auf den Boden.

»Frau Pia, wie geht es? Ich freue mich, hierzusein!« Man merkte seiner Stimme und seiner Haltung die ehrliche Freude an.

Er wiederholte: »Haben Sie Nachricht von Ihrem Mann, Frau Pia?«

Mit fremd klingender Stimme sagte sie: »Mein Mann ist seit sechzehn Monaten fort.«

»Sechzehn Monate.«

»Ja, so lange.«

»Ich versprach ihm, nach Ihnen zu sehen, zu helfen, wenn

es möglich wäre. Jetzt bin ich da – der Dienst –, ich konnte nicht früher kommen, mein Wort einzulösen. – Erst gestern bin ich hierherbeordert worden.«
Pia sah mit einer langsamen Wendung des Kopfes zu ihm auf.
»Frau Pia, ich verstehe, es ist schwer für mich, das zu sagen – aber es ist so. Sie können in mir den Freund, den alten, unveränderten Freund sehen, der Florian und Sie schätzt und verehrt. Der Krieg freilich – er steht wohl zwischen uns –, aber doch nicht in einem Sinn, der uns verändert. Wenn Dimai hier wäre, ich glaube sicher . . .«
»Nein, Herr Graf, ich glaub das nicht. Sie wissen nicht, wie groß das Leid ist.«
»Wie geht es Florian?«
»Aber Herr Graf, haben Sie vergessen« – ganz hart wurde ihre Stimme –, »daß ich nichts höre, nichts hören kann, nicht weiß, ob er lebt, wo er ist, nichts, nichts weiß, seit – seit ihr . . .«
Pia weinte in die vor das Gesicht gehaltenen Hände. In unschlüssigem Überlegen stand Franchetti noch immer nahe der Tür.
»Sie sollen nicht weinen«, tröstete er mit leiser Stimme, »es wird Ihrem Mann gutgehen. Er lebt ganz gewiß. Ganz gewiß lebt er. Von den Lebenden hört man, so traurig das ist, nichts jenseits der Linien, aber von den Gefallenen. Ich weiß, daß man über eine neutrale Stelle alle Verluste den Angehörigen meldet.«
Pia horchte auf. Wie aus einem plötzlichen Erwachen sah sie den Grafen an. »Ist das gewiß?«
»Ich weiß es nicht anders!«
Lange sah sie ihn an.
»Ich will Ihre große Sorge die meine sein lassen und versuchen, Ihnen die schwere Zeit erträglicher zu machen, soweit

ich das darf und kann. Vielleicht kann ich Ihnen Gewißheit verschaffen, wo er ist, vielleicht mehr. Ich bin sein *Freund.*«

Die Worte klangen Pia wie ein fernes Glockenspiel. Es schien ihr das erste Frohe, Gute zu sein, was ihr seit Beginn dieses langen Jahres widerfahren war. Nur fand sie noch nicht den Weg, es zu verstehen und zu glauben. Sie fühlte nur und ahnte, daß nicht alles, was mit dem Krieg zusammenhing, Mord und Tod sein mußte. Sie fühlte aber auch, daß sie dem Grafen, der so treu an Florian zu hängen schien, unrecht getan hatte, und sie wollte eben ihre harten Worte wiedergutmachen, als ein häßliches Getöse und Poltern von der Haustür her und durch den Flur näher kam.

Ein krachender Fußtritt stieß die Küchentür auf. Noch in der halben Türe hörte man einen Fluch, und ein schnauzbärtiger Maresciallo torkelte, nicht ganz nüchtern, in die abenddunkle Küche – um im gleichen Augenblick vor dem Capitano steif und stramm zu erstarren.

Der Mann stotterte etwas. Pia war mit einigen Schritten gegen eine Ecke zurückgewichen. Sie mußte fürchten, etwas Schreckliches mitzuerleben. Sie sah es dem Gesichte Franchettis an. Der aber bewegte nur seine Hand, der Unteroffizier drehte sich wie ein Mechanismus auf den Hacken, ging zur Tür, riß sie auf, bis der Capitano vor ihm aus der Küche war, dann entfernten sich die Schritte hallend über den Flur.

Bis in ihre Küche hörte Pia, was draußen vor dem Haus vorging. Noch nie hatte sie, so schien es ihr, einen Mann so wettern hören.

Dieses losbrechende Gewitter mußte den Sünder geradezu erschlagen.

Mit gespannten Ohren hörte sie, verstand kein Wort, hörte dann Rumoren im Stall, ein gedämpftes Herabsteigen, ein

Raunen, Rennen, dazwischen die Stimme Franchettis; am Küchenfenster vorbei wurden die Maultiere geführt, die Soldaten hatten ihre Säcke aufgeladen – dann war es plötzlich ruhig, totenstill im Haus und draußen.
Franchetti kam, die eigenen Schritte dämpfend, zurück, klopfte, trat in die Küche.
»Ich muß für diese Leute um Entschuldigung bitten – sie haben keine Sitten, der Krieg macht sie gefühllos und rauh . . .«, begann er, unterbrach sich aber, denn Pia wehrte mit unsicherer Hand ab.
». . . ich konnte einstweilen nur dafür sorgen, daß dieses Haus und Sie, Frau Pia, vor den harten Dingen, die der Krieg mit sich bringt, möglichst verschont bleiben. Die Leute sind fort.«
»Das muß ich Ihnen sehr, sehr danken. Es war schwer für mich und die Mutter mit den Soldaten, und doch haben wir ihnen gegeben, was sein mußte.«
»Frau Pia, ich hoffe Ihnen beweisen zu können, daß Sie mir – mit Ihrer ja verständlichen Haltung – doch unrecht getan haben. Man kann ein Patriot, ein guter Offizier sein, ohne deshalb den Menschen zu verraten!«
Franchetti zog den Rock gerade, richtete das Ledergehänge, das quer über seine Brust lief, und streckte Pia die Rechte hin.
Pia drückte seine Hand, die mit Wärme nach der ihren griff.
Der Capitano der Alpini, Conte Franchetti, verließ das Haus.
In einiger Betroffenheit blieb Pia zurück. Eine Weile saß sie noch mit ihren wirren Gedanken in der Küche. Dann nahm sie das schwarze große Kopftuch aus dem Kasten, band die dunkle Schürze um und ging hinab in den Ort zur »Madonna della difesa«, die als immer tröstende Güte hinter ei-

nem Gitter brennender Gelöbniskerzen auf die knienden Frauen niederblickte.

Dunkel war es, als sie über den schmalen, in den Schnee getretenen Pfad zurück auf den Hof kam. Sie ging die blanke Stiege hinauf zur Großmutter, die schmerzgeplagt in ihrem Bett lag, saß lang am Bettrand, erst ohne zu sprechen, und erzählte dann, was sich zugetragen hatte. Als Pia gehen wollte, weil sie glaubte, die Mutter schliefe schon, da sagte diese ruhig und sicher: »Da würde sich Florian freuen!« Das war ein gutes Wort.

Pia stand in ihrer Kammer vor dem Bett des Buben. Der hatte das Däumchen im Mund und schlief fest und unbeschwert. Sachte griff sie unter seinen kleinen, warmen Körper, hob ihn hoch und legte ihn in ihr Bett. Dann kroch sie zu ihrem Buben, zog fest die Decke über sich und das Kind, preßte es ganz fest an sich und flüsterte, schon halb schlafend: »Da würde sich Florian freuen!«

Franchetti wohnte seit acht Tagen in dem hübschen kleinen Zimmer unter dem Dach. Er hatte bei Pia und Dimais Mutter mit einem förmlichen Besuchsgang angefragt: Das Haus müsse als Quartier benützt werden, das sei leider nicht zu umgehen, er aber würde glücklich sein, die gelegentlichen Tage, die sein Dienst ihn in Cortina zubringen ließe, hier unter diesem Dach zu verleben; außer ihm kämen nur Mario, sein Bursche, ein braver Kerl, und der Pferdewächter ins Haus, und der Stall vertrüge an sich nicht gut mehr als ein fremdes Tier. So stand also Franchettis schöner Rappe im Barren, in dem einst das Bräunl gewiehert hatte.

Franchetti galt als lieber Gast, und Pia sorgte für ihn, soweit sie es konnte und er es zuließ. Die blitzblanke Sauberkeit, ein Büschel später Erika, ein paar frische Tannenzweige verrieten ihm täglich, daß man ihn gern umsorgte und daß der erste Groll, der ihn hier empfangen hatte, längst verflo-

gen war. Der Pferdewächter gab kaum ein Zeichen seiner Anwesenheit von sich, er schlief im Stall, wo ihm Pia ein ordentliches Lager gerichtet hatte. Aber jeden Abend, wenn Pia in den Stall kam, um dort ihre Arbeit zu tun, war er ausgemistet, der Barren sauber, das Futter zum Vorlegen gerichtet, die Tiere gepflegt, und grinsend und glücklich stand Celso »attenzione« mit den Händen an der Hosennaht und erwartete die »Herrin«, der er jede mögliche Arbeit abzunehmen suchte wie einem beliebten Vorgesetzten. Und Mario, der Bursch, war nicht anders. Der schleppte Wasser, machte Feuer, putzte die Küche und den Flur, hackte Holz, fegte und schrubbte, lachte dazu und sang, und abends schlich er mit schüchternem Klopfen in die Küche, ward gern hereingerufen, guckte sich um, ob noch etwas zu helfen wäre, setzte sich dann auf das niedere Stühlchen ans Feuer, schürte die Glut, rührte Polenta und brach dann sehr bald das Schweigen mit seiner Wißbegierde:
»O signora, permesso, was 'eißen die fuoco, was 'eißen die caldaia, was sein in deuts die Polenta, was sein ik, Mario, die cuoco?«
Pia und die Mutter hatten ihren Spaß und brachten ihm willig bei, daß das auf deutsch »Feuer« und »Kochkessel« und »Polenta« und »Koch« hieße. Und dann erklärte Mario:
»Der 'err Kock Mario makke fein Polenta in Kezzel in Feir. Recktig?« Und dann strahlte er übers ganze Gesicht. Und wenn die Frauen erheitert lachten und befreit schienen von der Schwere der Tage, dann fragte er: »Muß die 'err Kock Mario makke musica? Mario – il grande Capobanda!«
Wenn Pia zustimmend nickte, lief er an die Stalltür, holte Celso, den Pferdewächter, herein, und nun gab der Herr Militärkapellmeister, der Capobanda, das große Abendkonzert: jeden Marsch, jede herzerweichende Melodie konnte er seiner kleinen schwarzen Ikarina entlocken. War's was

Militärisches, die Marcia reale oder der Inno Garibaldi, dann nahm Celso einen Besenstiel über die Schulter und einen Kochlöffel in die Hand, klemmte einen papierumhüllten Kamm zwischen die Zähne und ahmte ein ganzes Orchester nach. Da lachten die beiden Frauen oft hellauf, daß es der Graf bis hinauf in seine Kammer hörte, wo er häufig über Akten und Befehlen saß. Tags darauf mußte Mario dann stets eine Flasche Rum und ein Quantum Tee bei Frau Pia abliefern, die sie dann »das nächste Mal« in literweisen Trinkgenuß für die Musikkapelle umwandelte.
Noch mehr aber hatte sich auf dem Dimaihof geändert. Franchetti hatte seine Kanzlei im Hause untergebracht, und so wurde das Miet- und das Quartiergeld, das, wenn es auch gering war, Frau Pia zufloß, ein wenig vermehrt. Auch eine Telefonleitung führte jetzt herauf zum Hof, und unter dem Holzschild, das an die guten alten Zeiten erinnerte und noch immer angab, daß hier »Florian Dimai, autor. Bergführer« zu Hause sei, hing jetzt ein zweites Schild, dem man entnehmen konnte, hier sei die Kanzlei und das Kommando der 3. Kompanie der Alpinigruppe Bergamo.
Inzwischen waren das Sanitätspersonal, die Hilfsstation und die beiden Erholungsstationen für die Leichtverwundeten und Maroden, auf die Majoner Lärchenhügel gelegt worden. Der Plonerhof, das alte Zannahaus und der Hof beim Schluderbacher bekamen auf die Dächer große rote Kreuze im weißen Feld gemalt, und ähnliche Fahnen wehten von den Firsten.
Manchmal dachte Pia, ob es ihr armer Florian wohl auch so gut hätte wie ihr Gast oben unterm Dach. Nein, sagte sie sich, und dann fiel augenblicklich alle Freude jäh von ihr ab, Florian kann es nicht so gut haben.
»Con permesso!« Franchetti klopfte an die Stubentür. Pia saß am Tisch und nähte an einem Hemdchen. Die Groß-

mutter sah durchs Fenster hinaus gegen den Sorapis hin und zum steinernen Dito di Dio, den »Finger Gottes«, hinüber, der dort unterhalb der riesigen Wände wirklich wie ein mahnender Finger aufragte und seit eh und je in dieses Stubenfenster hereinsah.

»Herein – avanti – bitte!«

Franchetti hatte nicht die schöne, dunkelgrüne Uniform an, nicht das blanke, funkelneue Lederzeug, sondern ein leidlich abgetragenes Gewand, das allerlei erlebte Strapazen erraten ließ.

»Ich melde mich mit Respekt ab, Frau Pia, der Dienst ruft. Es geht mir hier bei Ihnen zu gut, jetzt werde ich wohl ein paar Wochen, vielleicht auch länger, droben irgendwo in einem Unterstand oder Graben liegen: Falzarego, Tofana oder dort herum. Daran ist eigentlich Florian schuld – er hat aus mir einen Alpinisten gemacht, und jetzt, wenn's irgendwo brennt, dann ruft man nach mir wie in der Stadt nach der Feuerwehr. Also addio. Celso bleibt da, steht zu Ihrer Verfügung. Und, Frau Pia, beinahe hätte ich es vergessen: Ich habe unseren Stabsarzt gebeten, durch das Rote Kreuz über die Schweiz feststellen zu lassen, ob Florian – ob Florian auf irgendeiner Liste – ich meine, ob er gesund ist.

Bis ich zurück bin, werden wir es vielleicht wissen, wie es ihm geht. Dann trinken wir ein Glas auf seine Gesundheit, auf daß wir bald wieder in den Bergen zusammen sein mögen – auf der Tofana, erinnern Sie sich, war's das letztemal. Kopf hoch – Frau Pia!«

»Complimenti! A rivederci! Auf Wiedersehen!«

Capitano Franchetti machte seine Verbeugung. Auf dem Hausflur wartete schwer bepackt Mario. Er reichte dem Hauptmann die Revolvertasche.

»Andiamo!«

10

Die große Kaverne auf dem Col alto ist endlich fertig. Zwanzig Meter tief greift sie in den Fels hinein, eine geräumige Höhle. Der Eingang, mit Brettern und Balken gut verbohlt und mit einer festen Tür verschlossen, liegt schußsicher und vom Feinde nicht einzusehen auf der Seite des Travenanzeskessels.
Längs der Kavernenwand ziehen sich, in zwei Stockwerke geteilt, die Pritschenlager hin, balkengestützte Bretterböden mit Heu, Stroh und Hobelspänen ausgelegt, die immerhin, auch wenn gelegentlich das Wasser von der Decke tropft, ganz behagliche Lagerstätten abgeben. Allerdings kann man auf den Pritschen kaum aufrecht sitzen. Wenn einer unvermutet einmal auffährt, stößt er wohl mit dem Kopf an den darüber befindlichen Bretterboden an.
Den Lagern entlang läuft eine rohe Bank. Auf der sitzen die Männer in ihren freien Stunden, flicken ihre Hosen, löffeln ihre Suppe oder den dünnen schwarzen Kaffee, spielen Karten, putzen die von Schnee und Feuchtigkeit immer angegriffenen, oft versagenden Gewehre oder träumen müde vor sich hin. Drüben an der anderen Kavernenwand haben die Zugführer ihr Lager, das sich von den anderen nur durch die »Einschichtigkeit« unterscheidet. Beim Ausgang steht ein primitives Gestell für die Gewehre, die immer griffbereit sein müssen. Dort liegen auch die Postenstiefel, diese Ungeheuer aus Filz und dicken Holzsohlen. An Holzstiften

hängen die Siebensachen, die der Soldat im Bergkrieg braucht, Mäntel, Seile, Brotbeutel, Steigeisen, Drahtscheren, Bajonette, Laternen. Die Beleuchtung ist recht kümmerlich und beschränkt sich auf ein paar flackernde Kerzen. Als zwei hängende Petroleumlampen kommen, die ein fast heimeliges Licht geben, freuen sich die Männer wie Kinder. In einer zweiten, kleineren Kaverne nebenan sind die Sprengstoffe, die Munition, das notwendige Kriegsgerät und vor allem die Lebensmittelvorräte aufgespeichert, denn im Winter ist es bei großen Schneefällen durchaus möglich, daß die Höhenstellungen tage- oder gar wochenlang vollständig abgeschnitten sind.

»'s Magazin ischt voll«, meint Tschäms, »jetzt kann die Fastenzeit kommen.« Tschäms ist geradezu das Stimmungsbarometer auf dem Lagazuoi. Wird Tschäms einmal still, dann geht's schlecht. Noch aber ist er um kein Wort verlegen. Da fällt ihm beispielsweise ein Stück Brot, das er in die Suppe brocken will, auf den schmutzigen Kavernenboden. »Frißt kein Bauer, was nicht gesalzen ist«, sagt er, hebt es auf und steckt es in den Mund. Oder als es einmal nur harten Zwieback zur Menage gibt: »Zwei schöne Bratwürscht und ein Stück harter, angeschimmelter Zwieback wären drei guate Bissen. Friß i halt derweil den Zwieback allein, bleiben mir die Würscht no übrig.«

Der Herbst ist auf den Höhen nicht so gnädig wie im Tal. Ein hungriger Wind pfeift jeden Tag um die Felskanten, nasse Nebel brauen auf den Gipfeln und verschlucken das blasse Sonnenlicht. Kalt ragt der Fels in den grauen Himmel, und die ganze Welt scheint zu frieren.

Es frösteln auch die Menschen. Wache stehen heißt es. Rings um die Kuppe des Col alto sind die einzelnen Posten verteilt und horchen hinaus in den Novembernebel, in die frühwinterliche Nacht.

Dieses »Postenbrennen« bei Nacht und Sturm und Winterkälte ist eine verfluchte Angelegenheit! Es ist vielleicht, so seltsam es klingt, das Härteste, was der Bergkrieg von den Männern fordert. Und je weiter vom Feind, desto aufreibender ist das Horchen, Lauschen und Lauern. Das Auge findet keinen Halt in der schwarzen Bergnacht. Der Nebel narrt die Sinne. Das Ohr wird von der Stille gepeinigt, gequält von unfaßbaren Geräuschen, vom Fall der Steine, vom fernen Rauschen des Wassers, vom Krachen des Schnees, vom dumpfen Knall, mit dem sich die verharschte Schneedecke plötzlich senkt. Das schürfende Rascheln des Schneegrießes jagt dem einsamen Posten kalte Schauer über die Haut. Und dazu singt der Wind, ruft, zischelt, winselt, heult und pfeift, tost und wettert, um dann plötzlich messerscharf abzubrechen, daß die große Stille erschreckend ans Herz greift.
In den klaren Mondnächten ist es nicht leichter. Da täuscht das gleißende Licht das Auge und läßt das verschneite Bergland unwirklich erscheinen. Schatten drohen, bannen die Augen und wandern in unheimlicher, lautloser Fahrt über endlos scheinende Flächen. In solchen Nächten lodert die Kälte aus den Felsen, streicht über das Gelände und frißt sich durch die Kleider. Der Wind, der scharf aus den Scharten pfeift, brennt wie höllisches Feuer auf den Wangen. Die Lippen zerspringen vor Kälte und Trockenheit, der Bart starrt von Eis. Kein wirklicher Schutz, keine Rettung vor dieser Kälte, vor dem beißenden Wind, den jagenden Eiskörnern, die wie Nadeln die Haut spießen. Wolle, Mäntel, Schafspelze, sie können nur das Schlimmste verhindern.
Oder es fällt Schnee. Dann ist der Posten in wenigen Minuten von dem dicken Flockenwirbel, der in wachsender Höhe an ihm hinaufgreift, eingehüllt, er mauert ihn förmlich ein; denn er ist an seinem Platz festgehalten, den er sich nicht

nach dem Wetter und der Windrichtung aussuchen kann, den er unter keinen Umständen verlassen darf. Immer tiefer stampfen sich die frierenden, gefühllosen Füße in den wachsenden Schneeboden hinein. Das Gewehr ist vereist. Mit verzweifelter Energie starrt der Mann durch den engen Ausschnitt der Schießscharte hinaus, sieht, wie sie langsam zuweht, sich schließt, bis seine Faust durch das Schneegewehe stößt, um dem im Nichts verirrenden Blick Sicht zu schaffen.

Der einsame Mann, der eine lange Stunde draußen steht, ist völlig wehrlos, erschöpft. Zu Ende ist seine Kraft. Zwei solche Wachstunden vor dem Feind in der Nacht auf den winterlichen Bergen hält kaum einer ruhig aus, keiner von den Alten und auch keiner von den Jungen. Aber alle müssen sie hinaus und müssen auch damit fertig werden.

Da stapft ein vereister Schneemann, vom Postenführer zurückgebracht, in die Kaverne. Man kann ihn nicht erkennen. Erst in der Wärme taut sein Gesicht auf. Und während er sich aus der gefrorenen Kappe, aus dem steifen Mantel schält und den Schnee, der nun rasch zerschmilzt, von sich stampft und klopft, da weiß man es dann, daß es Tschäms ist. Und schon sind auch seine Stimme und sein eingefrorener Humor wieder aufgetaut.

»Solang i drauß bin, schneit's und stürmt's, was vom Himmel runtergeht. Kaum aber kimmt die Postenablösung daher, hört's auf, und es wird das Wetter ruhig und vernünftig. He, Wirtshaus! Hat das Restaurant ›Col alto‹ etwa scho Sperrstund? Ich möchte einen bärigen ›Watter‹ machen!«

Unter solchen Reden werden sie alle munter. Und zum Watten sind immer Partner zu haben, obwohl es »stadtbekannt« ist, daß Tschäms immer der ist, der gewinnt. Nicht deshalb, weil er besser spielt als die anderen, sondern weil er sich besser als alle anderen aufs Schwindeln versteht. In

den Gamaschen oder im Bettstroh noch eine heimliche Trumpfkarte stecken zu haben und damit den »Schlag« zu machen, das gehört zu diesem Handwerk.
In seinem »Büro« drüben sitzt Oberleutnant Kall. Ihm ist noch eine andere Art des Schlachtenschlagens vorbehalten: die papierene. Da sind Listen zu führen und zu kontrollieren, Meldungen zu machen, Berechnungen anzustellen, wie lange Proviant und Munition reichen, Skizzen über den fortschreitenden Stellungsausbau abzugeben, der Stand der Mannschaft ist zu melden. Und so setzt sich Kall hin und »schreibert« bis tief in die Nacht hinein.
Aus dem Telefonkastel, das über ihm an der Bretterwand hängt, summt und morst es ununterbrochen. Alle Buchstaben des Alphabets brummen in dem Holzkasten herum wie die Bienen im Stock:
–.–.– (Aha, Anruf!) –.–.–.
.–.. (»L«, das ist Lagazuoi, das geht mich nichts an.)
–.–.–..–. (Oho, auf der Fanesscharte ist man auch noch munter!)
..–.– (Gute Nacht, Schluß da drüben!)
–.–.– (Schon wieder!)
–.– (»M«, Mittelstation, interessiert mich auch nicht, was sie da sprechen.)
Mechanisch tönen die ewigen Summerzeichen an sein Ohr, und ohne auf sie zu achten, füllt er seine Listen aus: »Kampfabschnitt Col alto: Mannschaftsstand 121 – Feuergewehrstand 96 – Marode leicht 6, Abgang: Feuergewehre 2.«
Da reißt ihn plötzlich das –.–. auf. Das ist das Wunder der Kriegsdressur: »sein« Zeichen hört jeder Frontsoldat aus Dutzenden von anderen, aus Hunderten von Buchstabenkombinationen heraus.
–.–.–.–. »C«! –.–. »C«!!

»Hallo! Hallo! Hier Kall!«
»Wasserschloß!« (Aha, die Brigade, Hauptmann Lehner.)
»Servus, Lehner.«
»Kall, wie schaut's aus bei dir?«
»Soweit gut, die ›Grüne Schanze‹ ist fertig, eine ›Fliege‹ und vier ›rote Strümpfe‹ sind wieder auf der ›Alpenrose‹. ›Pulversack‹ wäre nötig. Wenn der ›Bugzwerg‹ . . .«
»Kall, du brauchst nicht zu chiffrieren!«
»So? Na, du weißt doch, daß wir seit einiger Zeit abgehorcht werden. Die Gefangenen von der Fontana negra haben neulich erzählt, daß sie jede Charge von uns beim Namen kennen und sogar wissen, wann und wieviel und welche Sorten Zigaretten gefaßt werden. Also wie gesagt, das MG ist wieder drüben, neu eingebaut.«
»Und sonst?«
»Seit zwei Tagen ziemliche Feuerruhe. Hängt wohl mit dem Schneefall zusammen. Nur heute mittag, wie der Nebel weggegangen ist, haben sie die Kuppe mit Steilfeuer beledert. Mir scheint, sie schießen sich auf die Kavernenzugänge ein. Augenblicklich ist Ruhe. Na, und die Kaverne ist ein wahrer Segen!«
»Laß dich nicht täuschen, Kall. Uns sind starke Verschiebungen bekannt. Auch die 3. und 5. Kompanie der Bergamo-Alpini scheinen wieder im Abschnitt zu sein. Überläufermeldung von heute. Wenn es zu schneien aufhört und die Schneelage nicht stärker wird, dann wirst du mit Angriffen rechnen müssen.«
»Jawohl, Herr Hauptmann!«
»Kall, dir brauch ich ja keine Vorträge zu halten. Du weißt, von welcher Wichtigkeit eure Stellung für den ganzen Abschnitt ist. Kall – da darf nichts passieren, und wenn's die Hölle werden sollte!«
–.–.–.– Zirkularanruf!

»Servus, Kall!«
»Servus, Lehner!«
Na, denkt Kall, haben die drunten beim Kommando aber einen Bammel! Mir soll's recht sein, ich bin auf der Hut. Und er dreht die Kurbel: –.–.–.–! Prompt ist der Telefonist am Hörer:
»Unterlechner!«
»Befehl, Herr Oberleutnant!«
»Der Zugführer Dimai soll mich bei der Magazinkaverne erwarten.«
»Befehl, Herr Oberleutnant!«
Durch die stürmische Nacht gehen Kall und Dimai, nun die Posten zu kontrollieren. In drei Stunden haben sie die Runde durch die ganze Stellung gemacht.
Alles in Ordnung. Scheinbar Ruhe beim Feind. –
Aber wie sah es zu dieser Stunde beim Feind wirklich aus? Oberhalb des Falzarego-Hospizes stehen im Schutze eines leeren alten Wildbachgrabens, der tief in die verwachsene Schutthalde eingerissen ist, die Baracken der Alpini. Capitano Franchetti liegt der Auftrag, den man ihm, obwohl er eigentlich den Minierungstruppen angehört, gestellt hat, schwer auf dem Herzen. »Sie sind ein erfahrener Alpinist«, hatte der General zu ihm gesagt, »und vor allem eines, Franchetti: Sie kennen hier jeden Gipfel, jeden Grat, auch den Col alto.«
Gewiß, der Col alto mag wichtig sein. Auch der Col di Lana ist es, weiß Gott. Der Besitz dieser beiden Gipfel gäbe das ganze Hinterland drüben frei.
Am Col di Lana kann man stürmen. Aber der Col alto – Madonna! –, das ist ein steiler Felsberg. Den nimmt man nicht im Sturm, wie der General meint. Selbst wenn wirklich die ganze Abschnittsartillerie eingesetzt werden sollte. Man hat es ja am »Col di sangue« gesehen, dem »Wiesenmugel«.

Nicht einmal dort gelang es, den Gipfel zu stürmen. Nicht in fünfundzwanzig Angriffen. Und dort ist Wiesengelände, hier aber sperren Felswände jeglichen Sturmangriff.
Der General blieb unerbittlich. Mit dem Zeigefinger bohrte er auf der Karte herum und schrie: »Il Col alto dev' essere nostro! Der Col alto muß unser sein. Und wenn wir ihn haben, werden wir die Front aufrollen. Die Ehre unserer Brigade hängt davon ab!«
»Der Col alto *muß* genommen werden!«
»Muß genommen werden!«
»Muß.«
Der Alpini-Hauptmann Conte Franchetti findet in dieser Nacht lange keinen Schlaf, in Schweiß gebadet, wirft er sich auf dem Strohsack herum. Der Col alto – der Col alto . . . Und draußen rüttelt der Sturm an den Wänden, der Sturm, der nicht Feind und Freund kennt, der allen gleich zu schaffen macht. –
Auf dem Col alto oben gibt es eine Zubuße: Rum.
»Auweh!« meint Staudacher düster. »Wenn wir in Galizien Rum kriegt haben, hat's am nächsten Tag schon gschnaggelt.«
»Unsinn!« wischt ihm Dimai über den Mund. »Wenn es schnaggelt, schnaggelt es mit und ohne Rum. Verstanden? Das sind dann eben die höheren Gewalten!«
Wumm – mm – wumm – m – wum!
Drei Tage lang war Ruhe gewesen! Teufel, daß die erste Lage gleich so ausgemessen sitzt.
Die Kavernentür wird aufgerissen. Laut hört man es draußen krachen und krepieren. Weiße Schrapnellwolken hängen in der Luft. Gestein und Eisentrümmer prasseln nieder.
Die Männer, die in den Gräben geschaufelt haben, flüchten gehetzt in die Kaverne.

»Die spinnen ja, die Walschen! Da hat man glaubt, sie wären mittlereweil gscheiter worden – jetzt fangen's wieder an, die verdammten Hund.«
Wumm–mm, wumm–mm!
»Mag Dimai sagen, was er will«, raunzt Staudacher, »in Galizien, wenn wir Rum kriegt haben . . .«
Volltreffer im »Falkenhorst«! Zwei Mann tot, vier schwer, einer leicht verwundet. Skier werden zusammengebunden, die Verwundeten daraufgeschnallt. Abtransport zur Lagazuoi-Alpe. Kall hängt am Telefon, meldet die Verluste: »Und sonst? Nichts Neues. Das Vorfeld ist gut übersehbar, ist spurenfrei. Nirgends Truppenansammlungen festzustellen. Unsere Batterien sollen nicht bloß drüben den Averau und Poré niederhalten, sondern auch die Dolomitenstraße unter Punkt 1985 abstreuen. Wenn was kommt, kommt's von dort. Was? Ach, immer euer Munitionssparen.«
Verbindung mit der Südkuppe: »Dimai? Lassen Sie die Kaverne heute doppelt belegen! Was reingeht, rein! Der Treffer im ›Falkenhorst‹ genügt. Nur die gedeckten Posten bleiben draußen! Wir haben ja gute Sicht! Sonst alles alarmbereit in die Kaverne. Sind die Zubußen gekommen? Gut! Doppelquantum für abends ausgegeben!«
Leitern führen in der Nähe der »Kallbude« über die Felswand auf den »Rosenhügel«, eine Reserve-MG-Stellung, die eine gute Übersicht über die Col-alto-Stellungen gibt und gut abgedeckt ist. Kall ist eben heraufgestiegen.
»Kein Angriffswetter«, sagt er zu Fähnrich Guem, der von der »Punta« herübergekommen ist. »Es ist zu klar. Bis sechs Uhr abends kann sich keine Maus herauswagen, und dann haben wir Vollmond. Sind eure Rollbomben fertig? Wenn sich bei uns etwas rühren sollte, dann laß sie über die Wand hinunterrasseln. Und vergiß nicht, die Posten zu avisieren:

Wenn sich bei euch irgend etwas Verdächtiges zeigt, sofort die roten Raketen!«
»Kein Angriffswetter«, sagt Albert, der vom Postenaufführen zurückkommt. »Jeden Mausdreck sieht man heut.«
Staudacher und allen anderen Männern in der Kaverne ist es schließlich gleich, *warum* es doppelten Rumschuß im Tee gibt. Jedenfalls macht der Rum warm und lustig. Und wenn die Kaverne so hübsch voll ist, ist's doppelt lustig und warm.
Debono quetscht die »Ziachn«. Er versteht es, dem Soldatenklavier die richtigen Töne zu entlocken.
Eine Weile hören sie aufmerksam zu, wenn er sein Repertoire herunterspielt.
Das, was er da als norwegischen Parademarsch bezeichnet, das kann man ja immer hören, aber den Schwarzwälder Ländler, den mögen sie nimmer. Drum geht er über zum Kaiserjägerlied:

»Wir Jäger lassen schallen
ein frohgewaltig Lied . . .«,

und ein wenig verhaltener setzen sie in den Refrain ein:

»Mir sein die Kaiserjäger
vom dritten Regiment!«

Ein Lied löst das andere aus. Es dröhnt in der Kaverne, und der Gesang klingt hinaus bis zu den Posten, die frierend und wachsam in den Gräben stehen.
Die Posten aber halten das verschneite Vorfeld im Auge. Aus den Schneemauern der Grabenwände ragen schußbereit die Stutzen. Die Zugangswege liegen noch immer unter Feuer. Dann und wann bohrt sich auch ein schwerer Schuß ins Plateau des Col alto: langsames Störfeuer, das aber keine rechte Wirkung hat.

Vom rechten Flügel herüber kommt die Meldung, daß unter dem großen Band Bewegung ist. Das kann man nehmen, wie man will. Das braucht nicht verdächtig zu sein. Jedenfalls ist man auf der Hut.
Der italienische Scheinwerfer streicht über das Vorfeld, und der kleine eigene tastet die allernächste Gegend ab. Die starken feindlichen Lichtbatterien haben heute noch nicht aufgedreht.
Die Kälte quält die Posten. Sie versuchen, sich warm zu trampeln und machen ein paar Schritte. Die Drahtverhaue blitzen einen Augenblick lang im vorbeistreifenden Scheinwerferlicht auf, das langsam über das weite Vorfeld hinwandert, mit einem Satz wegschwenkt und nun drüben am Sasso di Stria und im Valparola die Gegend absucht. Totenstill ist die Welt. Nur der Wind scharrt und orgelt manchmal auf, wenn er sich in einer Sackgasse verrannt hat.
Dem Staudacher reißt's auf einmal den Kopf hoch: Hat er was gehört? Er schiebt den Nackenschutz der Kappe vom Ohr und horcht hinaus. War's ein Steinschlag drüben in der Schlucht? Er geht, immer sorgsam durch die Schießscharten hinauswitternd, die paar Schritte hinüber zum Nachbarposten. Beni, der Benjamin, hat dort Dienst. Flüsternd fragt er ihn:
»Hast nix ghört?«
»Ja, mir war's schon so, als wenn was grappelt hätt.«
»Wird in der Schlucht gwesen sein.«
»Mein a. Wohl nur Steine.«
»Servus! Pfüat di!«
Dann stehen sie wieder an ihren Scharten, neben denen griffbereit gefüllte Patronenrahmen und Stielhandgranaten liegen, und lauern weiter.
Jetzt meint Beni, daß *er* was gehört hat: Oder war's der Wind, der im Verhau musiziert? Er entsichert den

Stutzen, legt den Finger an den Abzug und äugt hinaus. Da! Ganz deutlich! Da klirrt was! Teufel! Sitzt einer im Verhau? Beni schlägt das Herz bis zum Hals herauf. Er wagt nicht zu atmen. Weiß nicht, soll er schießen? Vielleicht war's doch der Wind? Nein, der Wind ist es nicht. In einer der Konservenbüchsen, die in den Drähten hängen, klappern ganz deutlich die Steinchen. Blechern klimpert die Verräterglocke – klack – klirr – klirr – da fällt sie vom Draht. Durchgeschnitten!

Im selben Augenblick knallt Benis Schuß hinein ins dunkle Verhau.

Staudacher nebenan drückt zur gleichen Sekunde auf den Abzug.

Tak! Tak!

Tak! Tak! Takteratak! Links, rechts schnellen die Schüsse.

»Alarm! A-larm!« schreit Beni, daß ihm fast die Stimme überschlägt. Links und rechts greifen sie den Ruf auf.

Brüllend rast einer durch den Graben, halb fallend, halb stolpernd:

»Alarm! Alarm!«

Hinüber zur Kaverne: »Alarm!«

Schon hacken italienische Maschinengewehre, die plötzlich im Vorfeld liegen, los. Die roten Funken sprühen stoßweise aus den Rohren. Schon hängen schwarze Gestalten im Draht.

»Alarm!« heult es der Kaverne entgegen. Dimai ist der erste, der den Ruf aufgefangen hat. Den Bruchteil einer Sekunde nur braucht er vom Ahnen zum Wissen. Mitten in das Singen und Lachen und Kartenspielen hinein befiehlt er: »Jeder an seinen Platz! Alles heraus!«

Ein wildes, wirbelndes Durcheinander von Beinen und Armen knäuelt sich einen Augenblick lang zusammen, über die Bänke setzen sie, von den Pritschen springen sie herab,

manche noch halb im Schlaf, einer springt dem Bäcker Albert in die halbvolle Menageschale hinein. Im Laufen, im Springen stülpen sie die Kappen über, schlüpfen in die Mäntel, haken den Überschwung fest, reißen im Vorbeilaufen die Gewehre aus dem Ständer und stürzen Hals über Kopf aus der Kavernentür in die Nacht hinaus.
Zerrissen ist sie von Geknall und Gelärm, daß es die Ohren peitscht. Artillerie setzt ein, italienische, die die Zugänge unter Feuer legt und die Nachbarstellungen niederhält, und eigene, die ihres Zieles noch nicht ganz sicher ist. Leuchtraketen ziehen schwärmend auf und gießen sekundenlang ihr Licht auf das Gelände.
Maschinengewehre hacken aufeinander los. Ihre todscharfen Serien mähen Strich um Strich den Graben ab, an den Traversen zergellen die Geschosse.
Irgendwo aus dem Dunkel hört man Kalls Stimme. Munitionsträger rennen wie kleine Bucklige hinter den Grabenmauern dahin. Ein Chaos wilder Geräusche erfüllt die Nacht.
Drüben am Graben, der den einspringenden Winkel hinter der Südkuppe schützt, kämpft Mann gegen Mann. Hier war's, wo die Alpini mit Drahtzangen die Verhaue zerschnitten haben und die fallende Blechbüchse sie verraten hat. Wie spritzendes, glühendes Metall zerbersten die Handgranaten.
Reihe hinter Reihe schieben sich die Alpini im steil ansteigenden Schneefeld gegen die Stacheldrähte heran, den Augenblick völliger Überrumplung haben sie versäumt. Wehe, wenn sie bis vor die Kaverne gekommen wären!
Aber schon sind die Gräben besetzt, und die Stutzen der Jäger bellen pausenlos. Aus den verschneiten Scharten wirbeln Handgranaten über die Grabenmauern.
Venizi, Vormeister eines MG, hatte nimmer Zeit, in seine

Jacke zu schlüpfen. Jetzt kniet er trotz der Bärenkälte in Hemdsärmeln hinter seiner Kugelspritze, die beiden Griffe fest in den Fäusten, und streut durch den Querschlitz seine vernichtenden Garben in die zusammengedrängte Schwarmlinie der Alpini hinein. Die armen Kerle knicken zusammen wie Marionetten. Schon hängt ein Knäuel Menschen in den Drahtstacheln.

Vor seiner Front hat Venizi grausam gesäubert. Weiter drüben ist Kall beim zweiten MG. Ein kurzer Befehl – schon ist das schwere Gewehr aus dem Stand gerissen, die Munitionskasten werden aufgepackt, und nun rennen sie keuchend durch den Graben, um von der »Bergsappe« aus die Angreifer zu flankieren.

Im Hauptgraben ist die Hölle los: Kall reißt einem Gefallenen den Stutzen weg und springt an die leere Scharte, wo eben einer der Männer zusammengebrochen ist. Neben ihm feuern die Jäger ihre Schüsse ins Vorfeld.

Laden – Schuß – repetieren! Man hört, daß Stahlverschlüsse auf die Läufe prellen. Albert steht halbhoch hinter einer Traverse, mit beiden Beinen in den Winkel verspreizt, neben ihm, fast droben auf der Grabenbrüstung, steht Tschäms: Sekunde um Sekunde reißt er den Ellbogen zurück. Arm und Schulter hoch, Gewehr an der Achsel, Schuß um Schuß.

Wie ein gefällter Baum bricht einer nieder, wirft die Arme hoch und schlägt in den Graben, dreht sich noch einmal um und dann nimmer.

Oberleutnant Kall hat den italienischen Leutnant entdeckt: Knapp neben einem der hölzernen Verhaupfosten liegt er, geschützt von einer winzigen Bodenwelle. Langsam legt Kall an, so ruhig und so sicher, wie der andere das tut, er sieht genau die blitzenden Augen des italienischen Offiziers. Mitten zwischen sie hinein zielt Kall – getroffen, tot.

Dem Staudacher reißt er eine Handgranate aus der Faust: »Dorthin!« Und Staudacher schleudert die Handgranaten, eine um die andere, in die Tiefe. »Ja, der Rum«, sagt er, »hab doch recht gehabt.«
Dimai rennt durch den Graben. Hinter ihm Munitionsträger: Da! – dort! – dirigiert er die Jäger hin. Eine Handgranate krepiert über ihm im Graben. Er wirft sich auf den Boden – spürt, wie Steine und Schnee auf seinen Rücken prasseln. –
Vorne im Graben sind zuwenig Leute. Vor dem Angriff hat hier ein Volltreffer eine große Bresche in die Grabenmauer gerissen, und jetzt sind die Angreifer herinnen. Halb an der Brüstung hängend, ringen sie im Nahkampf gegeneinander, Alpini, Kaiserjäger. Dort kollern, ineinander verbissen, zwei Kämpfende vom Grabenwall kopfüber hinunter über die steile Felswand.
Eine Handgranate schmettert in eine gedrängte Gruppe von drei Jägern hinein. Der schießend auf der Brüstung liegt, sinkt lautlos hintenüber, fällt auf den Nebenmann, stürzt mit ihm hinein in den Graben, der dritte, der an der Schußscharte, dreht sich plötzlich um, läßt den Stutzen fallen und sinkt nieder.
Die Sanitätsleute ziehen den Getroffenen an den Füßen in den schützenden Graben.
»Das ist Debono! Tot. Kopfschuß.« Sie laufen weiter, um zu helfen, wo noch zu helfen ist.
»Die walsche Maschin!« schreit Tschäms, der ohne Kappe atemlos vom Alpenrosenposten gerannt kommt. »Sie rollen den Graben auf! Handgranaten!«
Mit lautem »Avanti! Avanti Savoia! Coraggio!« setzen die Alpini zum Sturm an.
Dimai, Venizi, Tschäms und etliche andere rennen zur Alpenrosenstellung hinüber. Dort sieht es böse aus. Das ei-

gene Maschinengewehr schießt nicht mehr, wohl aber das italienische, das durch einen großen Felsblock gedeckt ist, so daß man ihm nicht ankann. Es beherrscht den Graben, in dem Gefallene liegen. Draußen vor dem Graben die vorkriechenden Alpini. Sie begreifen, hier winkt der Erfolg. Die Kommandostimme eines Offiziers versucht sie zu dirigieren: »A destra!« schreit die Stimme. »Coraggio! A destra! Tutti a destra! Avanti!«

Dimai, der Handgranaten gefaßt hat, soviel er kann, hört die Kommandorufe.

Die Worte »A destra!« hat er deutlich aufgefangen. Der Felskopf beim Rosenhügel! Dimai handelt unverzüglich. Er befiehlt zwei Männern und dem hinter der Traverse stehenden Venizi: »Auf den Rosenhügel! Handgranaten mitnehmen!«

Zwei Mann bilden einen Steigbaum. In ihre geschlossenen Hände tritt Dimai. Sie heben ihn höher: droben ist er! Jetzt durch den verschneiten Riß hinauf! Venizi schiebt ihm den Gewehrkolben unter die Schuhe. Nun hat er einen Tritt. Der Felszacken gehört ihm. Jetzt hockt Dimai, gut gedeckt, droben hinter dem Zacken. Am Stutzenriemen zieht er Venizi nach, kriecht nun vorsichtig vor. Jetzt hat er das pausenlos in den Graben feuernde italienische Maschinengewehr genau unter sich.

Dimai liegt unbeweglich, hat die Stielhandgranate neben sich. Einem der Männer deutet er, daß der ihm, wenn er die erste Granate geworfen hat, die anderen Stück um Stück zureicht.

Es ist Zeit. Venizi nickt: bereit. Er faßt Dimai fest am Ledergurt des Überschwunges, Dimai neigt sich – Kopf voraus – weit über den abbrechenden Felsabsturz. Deutlich sieht er die Alpini am Maschinengewehr hart unter sich, links und rechts davon die sprungbereiten Sturmmänner.

Fest hat er die Granate in der Faust, reißt den Zünder ab, zählt – »einundzwanzig, zweiundzwanzig, dreiund . . .«, er weiß, im Bruchteil einer Sekunde wird die Granate explodieren, wirft –

Mitten unter den Alpini, die sich um das Maschinengewehr geschart haben, krepiert die Granate. Die Wirkung ist fürchterlich.

Zehn Granaten wirft Dimai. Der Flankenangriff stockt. Scheinwerfer springen auf. Leuchtkugeln jagen hoch. »Indietro! Indietro!« hallen die Rufe der zurückweichenden Italiener. Ihr Angriff ist zusammengebrochen.

Nun war eindeutig bewiesen, was Franchetti vorausgesehen hatte. Dem Col alto war *so* nicht beizukommen. Von den felsigen Südwänden her nicht und nicht von den Flanken aus – das hat man ja heute erlebt.

Franchetti, gezeichnet von dem Grauen dieser Stunde, steht vor dem General, der wütend, die Fäuste vor der Brust, auf und ab rennt, gleich einem gefangenen Panther in seinem Käfig.

»Col alto!« zischt er, er zermalmt das Wort zwischen seinen Zähnen, »dieser Col alto da oben! Verflucht, wir müssen ihn nehmen, und zwar baldigst. Die Situation wird unerträglich.«

»Nicht im offenen Angriff, General«, erwidert Franchetti, »das hat der heutige Tag bewiesen, sondern . . .«

»Sondern?« fährt der General herum. »Was wollen Sie sagen, Franchetti?«

»Es gibt einen anderen, sichereren Weg. Darf ich Herrn General daran erinnern, daß ich Ihrer Brigade eigentlich nicht als Führer einer Angriffstruppe, sondern als Chef der Minierungsabteilung zugewiesen worden bin.«

»Franchetti!« Der General überlegt einen Augenblick lang.

»Chef der Minierungsabteilung«, wiederholte er mechanisch. Eine steile Falte springt ihm zwischen die Brauen. Doch er schweigt. Franchetti weiß nicht, wie er dieses Schweigen auffassen soll. Ohne noch ein Wort zu sagen, dreht sich der General heftig auf den Absätzen herum und geht. –

Schon glaubte Franchetti, sein Plan, vielleicht etwas leichtfertig und unbedacht hingeworfen, wäre für immer vergessen. Und eigentlich war es ihm recht so, daß der General seinen Vorschlag nicht aufgenommen hatte.

Doch er irrte sich.

General Cantore, der Kommandeur der Alpinidivision in Cortina, ein sehr energischer, wegen seines Draufgängertums bei der Truppe gefürchteter Mann, kam, um die Wahrheit zu sagen, von dem Plan, den ihm Capitano Franchetti nur so nebenhin angedeutet hatte, nicht mehr los. Ein genialer Gedanke, diesen Col alto einfach in die Luft zu sprengen, gewiß! Freilich – es gab noch hundert Wenn und Aber. Franchetti war eigentlich ein verrückter Kerl, dachte, er könne sich durch den Berg fressen und ihn dann sprengen, wie er mit seinen Mineuren Brücken, Straßen, Häuser sprengte.

Aber – das war wirklich der Weg, wenn auch ein langsamer, um den Col alto zu erobern, vielleicht der einzig mögliche Weg.

Jedenfalls: Cantore entschloß sich, Franchetti in der Stellung aufzusuchen, um mit ihm diesen verwegenen Plan zu besprechen. Über die Dolomitenstraße fuhr er nachts in die Stellung hinauf. Vor dem zerschossenen Hospiz ließ er halten, legte den Kopf weit zurück und blickte zu den jähen Felsen des Col alto empor. Dort oben lag die Kuppe des Col alto über der hohen, senkrechten, absolut ungangbaren Wand! Der General schätzte die Höhe – verdammt hoch, diese Mauer! –, überlegte, wie man die Zugänge zum Wandfuß anlegen müßte – das war ein Problem! – und hoch auf dem Gipfelgrat die Stellungen der Österreicher, die diese Wand krönten. Sie fühlten sich wohl sehr sicher da oben, diese Tiroler.

Der General stieg im Schatten des dämmernden Morgens die schmale, holprige Serpentinenstraße empor. Hier lagen, gegen Sicht und Schuß gedeckt, die Mineure, die vor allem zum Bau von Kavernen eingesetzt wurden. Sie hatten viel zu tun; denn alle wollten in den »Fels«, eine wahre Seuche war das, niemand wollte offen kämpfen. »Hinein in den Berg«, war die Parole – »bucomania«, wie der General es nannte. Die Sucht nach Höhlen und Löchern.

In Franchettis Unterstand, der wie ein Adlernest unter dem Überhang am Fuße der Wand hing, stand der General vor dem Capitano.

»Na, schön hast du es hier gerade nicht in deinem Hotel.«

Franchetti überrascht, daß der General das vertrauliche Du gebrauchte, ging sogleich auf den heiteren Ton ein: »Fließendes Wasser in allen Räumen, Herr General, aber nur bei Regen.«

Der General lachte: »Und bei Sonnenschein den freien Blick weit in unser schönes Vaterland, im Rücken die schützende Felswand!«

»Ein Glas Wermut, General?«

»Gerne.«

Franchetti schenkte ein. Die Freundlichkeit des Generals war auffallend.

»Auf dein Wohl, und auf den Col alto!«

Sie stießen die Gläser aneinander.

Der General rückte sich den Sessel zurecht.

»Laß dir wegen des mißlungenen Angriffs keine grauen Haare wachsen, Franchetti. Traurig die Verluste, gewiß.

Aber damit muß man im Kriege leider rechnen. Wir wiederholen das Experiment nicht wieder. Trotzdem: Der Col alto muß unser werden. Was du da neulich angedeutet hast . . .«

»Ein Vorschlag, eine Anregung, Herr General, ein Projekt, das keinen Dispositionen vorgreifen wollte, das mein Kamerad Tenente Prati von der Genieabteilung unserer Division an einigen stillen Tagen mit mir entworfen hat.«

»Der Tenente Prati, sagst du? Ausgerechnet diesen Prati hat man vor Wochen zur Nachbardivision abkommandiert. Wie ich höre, soll Prati am Col di Lana eingesetzt werden. Wozu? Das ist mir nun völlig klar.«

Franchetti schüttelte den Kopf: »Als Soldat gesprochen, Herr General, der Weg über die Felswand wäre mir sympathischer als der Weg durch den Berg hinauf –!«

»Warum so bescheiden? Bekenne dich ruhig zu deiner Idee – macht dir niemand streitig.«

Franchetti sperrte die Tischlade auf. »Da sind die Pläne, Herr General.«

»Corno di baccho! Laß sehen!«

Franchetti geriet in Eifer. Ja, das waren seine Pläne und Berechnungen. Tag und Nacht hatte er daran gearbeitet. Auch der General war nun Feuer und Flamme.

»Du bekommst genügend Bohrmaschinen, alle verfügbaren Mineure der Brigade Auronzo, und außerdem werden wir dir noch einen Zug Sappeure zuteilen. Wie lange wirst du bis zu Sprengung der Gipfelstellungen brauchen?«

»Bei normalem Vortrieb schaffe ich im Tag etwa vierzehn Meter. Der Stollen muß nach meiner Berechnung alles in allem über tausendfünfhundert Meter lang werden – das heißt . . .«

»Mehr als drei Monate!«

»Ganz richtig, General!«

»Also – Ende April.«
»Ende April, General.«
Noch gab es viel zu bereden. Franchetti brachte noch einige Zweifel und Bedenken vor. Aber der General ließ nicht lokker. Noch war Franchetti nicht völlig sicher, ob sein Plan wirklich durchgeführt würde. Aber schon nach wenigen Tagen war man soweit. Prompt ging das! Lastwagen mit Leuten und Material rollten an, und eine Woche später wurden, von der Feindseite nicht eingesehen, die Zuleitungen am Fuß der Col-alto-Wand angelegt – Eisenrohre, mit krummen Schlauchstücken. – In einer geschützten Mulde über der Straße stand der Kompressor.
Franchetti drehte eines der Ventile auf – das fauchte wie tausend Teufel, und droben ratterten die diamantharten Zahnköpfe der Bohrer in die graue Kalkwand.
Am nächsten Tag konnte der Sappeurleutnant bereits fünfzehn Meter Vortrieb melden.
Am übernächsten Abend schon waren die neuen Wohn- und Werkbaracken fertig, gut gedeckt und gesichert am Fuß der hohen Wand.
Stacheldraht wurde herangeschafft, alle Zugänge ringsum abgesperrt! Wer nicht bohrt, hat dort nichts zu suchen! Geheimhalten ist halber Sieg!
Fünfzig Meter war man horizontal in den Berg hineingefahren. Jetzt richteten sie die Bohrer nach oben, nahmen Richtung gegen den Gipfel des Col alto.
Franchetti war Tag und Nacht unterwegs, um die Arbeiten zu kontrollieren – ein unheimliches Gefühl, wenn Gedanken, die man bisher sorgsam in sich verschlossen hielt, plötzlich Gestalt annehmen und Wirklichkeit werden! Nun gab es kein Zurück mehr, nur Vorwärts!

11

Schon war wieder der Winter da, ein zäher, harter Bergwinter, Winter ohne Ende, für ewig anscheinend, als gäbe es nichts anderes mehr auf dieser Welt. Jeder Gipfel, jeder Grat, jeder Stein, jeder Pfosten trug seine dicke Schneehaube, und sogar auf den dünnen Stacheldrähten der Verhaue hingen die Eiskristalle in fingerdicken Borten. Die Posten wurden oft bis zur Hüfte zugeschneit, und nur die stetig rauchende Pfeife verriet, daß noch etwas an dem Manne lebte.

Die Grabenmauern wuchsen in die Höhe, aber mit ihnen auch die Grabensohle, die weich und sauber im festgetretenen Schnee ausgelegt war. Morgen für Morgen waren die Schußscharten zugeweht und mußten in mühsamer Arbeit freigemacht werden. Da hieß es schaufeln, schaufeln, um Wege, Stege, Gräben, Leitern, Kavernen- und Hütteneingänge freizuhalten.

Kritisch war die Verbindung mit dem »Hinterland«. Der von allen Seiten einzusehende, fast isolierte Klotz des Col alto war eine der wenigen Frontstellungen in den Dolomiten, zu denen keine Materialseilbahn angelegt werden konnte. Blieb nur der steile, ständig von Lawinen bedrohte Weg aus dem Lagazuoikessel herauf, der erst über jähes Gehänge, dann in schier senkrechten, verschneiten, vereisten Rinnen zu der schmalen Insel des Col alto emporführte. Ein Pfad entstand von selbst, wenn die Träger in langem Gänsemarsch mit schweren Lasten durch den mannstiefen Schnee zur Höhe stapften. So geht es Tag um Tag: Dreißig Männer kämpfen sich durch die Schneewüste aufwärts. Auf krummen Rücken schleppen sie Brot und Fleisch, Mehl und Reis, Bohnen und Speck; denn auf dem Col alto sind die Rationen knapp geworden. Sie schleppen auch Munition, Handgranaten, Stacheldraht und Werkzeug. Auch die Post, die lang ersehnte, bringen sie. Es geht gegen Weihnachten.

Unweit der »Kallbude« mündet die große Rinne ein. Steinschlag und Eisbrocken poltern im Sommer darin nieder, jetzt brausen Schneebretter und abbrechende Wächten durch die Steilrinne herab.

Seit Tagen sind die avisierten Träger ausgeblieben! Als Kall nachfragt, kommt keine Antwort. Sturm und Schneedruck haben irgendwo die Leitung zerrissen. Der Col alto ist seit sieben Tagen abgeschnitten.

Drei Männer müssen in das Schneegestöber hinaus, müssen über die verschneiten Türme und Scharten klettern und suchen, wo die Leitung unterbrochen ist. Sie überlegen, ob sie Schneereifen nehmen sollen oder Steigeisen. Bei dem Sauwetter nützt weder das eine noch das andere. Schließlich gehen sie ohne Reifen und Steigeisen los.

Gegen Abend kommen sie zurück. Ohne den dritten. Sie melden ihrem Offizier: sie beide seien, als sie die Bruchstelle des Drahtes gefunden hätten, nach der Lagazuoiseite abgestiegen, um das drunten hängende Ende zu holen. Augustin Beham, ein Brixner, der dritte, sollte inzwischen das obere Drahtstück verankern. Nach zwei Stunden seien sie zurückgekommen. Auf dem Felsköpfel wollten sie Beham treffen. Der war aber nicht mehr da. Sie hätten stundenlang die Wand durchsucht und gerufen, umsonst; nicht die geringste Ahnung hätten sie, was geschehen, vermutlich sei er abgestürzt.

Die Steilschluchten, die Hänge, die Felsen, die Wände wurden abgesucht. Nichts.
Am Abend muß Kall in seine Tagesliste eintragen: Abgang: 1 Mann, Absturz?
Das Telefon ist wieder in Ordnung. Gott sei Dank!
»Lieber Kall, unsere Träger können bei diesem Wetter unmöglich durchkommen«, sagt Hauptmann Lehner. »Sie haben einen Teil der Traglasten am Fuße des lawinengefährdeten Kars deponiert. Ich kann dir nicht versprechen, wann sie kommen!«
Kall schlägt auf den Tisch: »Wir haben bereits die Notportionen angreifen müssen. Wir müssen etwas raufbekommen! Meine Leute werden krank, wenn sie nur schwarzen Kaffee und Zwieback und alle drei Tage eine Hascheekonserve kriegen. Die Träger müssen trachten durchzukommen.«
»Geduld«, meinte Hauptmann Lehner. »Wir werden das möglichste versuchen.«
In der Nacht kommt Meldung, daß die Träger abgegangen seien. Avisoposten werden ausgeschickt, um von zwei Felskuppen aus zu beobachten, ob und wann die Träger kommen. Das Wetter ist noch immer nicht gut, es ist zu warm, der Himmel erscheint bleigrau und matt. Um Mittag ist die Kolonne tief drunten im großen Kar zu erkennen. Kaum kommen die Leute vom Fleck. Mühsam wühlt sich die Kolonne durch den tiefen Schnee.
Drei weitere Stunden brauchen sie, bis sie unten bei den Felsen sind. Alle paar Schritte muß ein anderer an die Spitze vor und spuren. Erschöpft fällt der vorderste in den Schnee und bleibt liegen, bis die anderen vorbei sind, rafft sich mühsam auf, torkelt ihnen nach.
Jetzt sind sie in der großen Rinne. In kleinen Kehren steigen sie an, stehen, hocken sich nieder, stapfen einen Schritt vor,

brechen ein bis zur Brust, stehen wieder auf und schauen nach oben . . .
Sehen sie den Tod?
Sie haben ihn gesehen, haben seine kalte Nähe gefühlt, die sie erschauern macht, erschauern für den winzigen Bruchteil einer Sekunde, dann wissen sie nichts mehr –
– denn die Welt stürzt ein –
– stürzt im weißen Verhängnis nieder –
– rast wie ein ausbrechender Orkan durch die Rinne, rast auf die nach oben starrenden Menschen nieder.
Hoch oben muß die Lawine losgebrochen sein – stäubend wälzt sich die weiße, brodelnde Masse durch die Schlucht.
Als nach wenigen Sekunden der wirbelnde Staub verweht ist, ist von den achtundzwanzig Männern, die eben noch wie auf Leitersprossen Mann über Mann in der Rinne standen, nichts mehr zu sehen. Nur zwei, die weit außerhalb der Rinne zurückgeblieben sind, rennen wie gehetztes Wild aus der Bahn hinaus.
Zweihundert Meter tiefer sammelten sich die weißen Massen zu einem großen Hügel.
Zum Todeshügel.
Dem Posten, der all das mit angesehen hat, ist die Stimme wie gelähmt. Er braucht Zeit, bis er begreift, was geschehen ist. Dann rennt er hinüber und schreit in die Kaverne:
»Lawine . . . alle Träger verschüttet, helft, helft!«
Eine Nacht und einen Tag sucht man. Gräbt den Todeshügel um – selbst ständig von neuen Lawinen bedroht. Sechs Menschen werden noch lebend dem weißen Grab entrissen. Die anderen, soweit man sie finden kann, sind erstickt, zerpreßt, bis zur Unkenntlichkeit entstellt.
In die Liste, die den Mannschaftsstand festhält, schreibt in grausamer Kürze eine Hand: 13. Dezember Abgang: Zweiundzwanzig Mann (Lawine).

Wieviel menschliches Leid bergen diese wenigen Worte und Ziffern!

Der erste, der drei Tage nach der Lawinenkatastrophe vom Lagazuoikessel durch die Rinne heraufkommt, ist die »Postordonnanz« mit zwei Begleitern. Trotz Schnee, Lawinen und Sauwetter haben sie sich durchgebissen; drei Mann mit dicken Rucksäcken voll Briefen, Packerln und Paketen. Über die Woche ist ja Weihnachten! Vor der Kaverne stehen die Männer beisammen, neugierig, gespannt, warten wie Kinder, bis die Postordonnanz drüben in der Kallbude abgefertigt ist.

Schon murren etliche, weil's so lange dauert.

»Was murrst denn, Staudacher?« meint Tschäms. »Wir san ja nimmer im Weltpostverein.«

Dann endlich werden die Briefe, Karten und Packerln ausgeteilt. Fast jeder von den Männern hat etwas bekommen. Ganz still ist es in der Kaverne geworden, die Pfeifen sind ihnen ausgegangen, und alle sind beschäftigt mit Lesen und Auspacken. Nur die Männer aus Cortina sind leer ausgegangen. Wie immer.

Sie hatten sich schon damit abgefunden. Staudacher knurrt: »Immer dasselbe! Nichts für uns. Immer dasselbe. Als wären wir schon tot und begraben – Saukrieg, verdammter.«

Fährt Dimai auf: »Red net so, Staudacher.«

»Is es vielleicht net wahr? Alle kriegen was von zu Haus, nur wir net, nix und wieder nix, Dreck, verfluchter!«

Mischt sich Albert drein: »Recht hat er, grad wir, die wir nur einen Katzensprung von daheim weg sind und beinah hinunterschauen können auf unsere Häuser, grad wir, wir hören nix und kriegen nix. Das ist es, was mi umbringt, früher als eine welsche Kugel.«

Sagt Dimai: »Es geht halt net, Mander, weil Cortina italienisch besetzt ist und die Italiener keinen Brief rauslas-

sen . . .« Staudacher: »Aber übers neutralische Ausland, warum schreiben s' da net?«
Und Albert: »I kann's auch nit verstehn, warum mir die Meinige net schreibt über Amerika oder so!«
»Das ist doch klar, Albert«, lacht Tschäms, »weil die Deinige überhaupt net schreiben kann.«
»Halt 's Maul, laß deine blöden Witze!«
Dimai weiß, daß das die wunde Stelle bei seinen Landsleuten ist. Es ist nicht gut, daran zu rühren. Sorgsam versucht er ihnen das klarzumachen: »Schaut her: die Post wird zensuriert. Wenn unsere Leut schreiben, es geht ihnen schlecht, dann verbrennt die italienische Zensur den Brief. Schreiben s' aber, es geht ihnen ausgezeichnet bei den Italienern, nachher verbrennt unsere Zensur den Brief. Und deshalb werden wir nie etwas hören, solang dieser Krieg dauert – – man müßt halt . . .«
»Was müßt ma?« fährt Staudacher auf.
Dimai hebt abwehrend die Hand: »Ach, nix. Das sind bloß so Gedanken.«
Knurrt der Staudacher: »I weiß, was du sagen willst. Selber Post holen müßten wir!«
Die Männer schauen ihn an, als zweifelten sie an seinem Verstand. Nur Tschäms sagt: »Post holen, ja, wenn das ging! Es geht aber net, weil 's Postamt scharf schiaßt. I sag, der Krieg wär ja ganz schön, wenn er schon vorbei wär!«
Tschäms ist eben ein großer Philosoph. Er findet immer das richtige Wort, auch wenn es nicht stimmt.
Dann klappern sie mit ihren Menageschalen und löffeln den schwarzen Kaffee und brocken den harten Zwieback hinein. Aber mancher hat heut noch etwas Besonderes von daheim dazu, ein Stück Bauerngeselchtes, einen Kuchen, ein paar Äpfel oder gar ein Stück Schokolade.
Und sie freuen sich, daß sie wenigstens ihre warme, sichere

Kaverne haben. Man hört, wie draußen der Wind um den Berg heult, und wenn einer einmal hinausgeht, jagt der Sturm Schwaden von Kälte, Eiskörnern und Schneestaub durch die offene Tür herein. Der Boden im vorderen Teil der Kaverne ist schon ganz weiß. Eiszapfen hängen von der Decke, und die Wände glänzen silbern, so dick sitzt der Rauhfrost daran.

Wer heut auf Posten muß, der ist nicht zu beneiden!

Staudacher hat den Kopf zwischen die Hände gestützt und denkt noch immer darüber nach, warum er und seine Landsleute aus Cortina keinen Brief von zu Haus bekommen sollen. Obwohl da nimmer viel zu denken ist. Dann macht er wieder ein paar Züge an der Pfeife, bläst den Rauch vor sich hin und schaut ihm versonnen nach. Nein, das mit der ausbleibenden Post geht ihm nicht in den Kopf; denn Staudacher ist ein hintersinniger Mensch.

»Was suchst denn?« fragt ihn Venizi hilfsbereit, als er sieht, wie Staudacher sinniert und seine Brusttasche abklopft und links und rechts herumschaut.

»Mei Pf . . .«

Da – wie er den Mund auftut, liegt sie schon drunten auf dem harten Steinboden, die gesuchte Pfeife.

»Weißt«, belehrt ihn Venizi, »wann man die Pfeifn sucht und hat s' zwischen den Zähnen, dann därf ma halt net reden!« Aber Staudacher lacht nicht, wie sonst immer.

Dimai gibt ihm einen Stupf: »Staudacher! Posten aufführn! Wer ist der nächste?«

»Vorne am ›Einser‹ der Albert, am ›Zweier‹ der Beni, die übrigen wie immer.«

»Posten! Fertigmachen!«

Dimai schaut Beni, ihren Benjamin, an. Etwas an ihm will ihm nicht gefallen. »Ich kann einen anderen einteilen, Beni, wenn du nicht gut beinand bist!«

Beni aber, blaß und schmal, schüttelt den Kopf. Müd ist er, ja. Aber er lächelt Dimai aus seinen hellen Augen an. »Das will i ganz und gar net, Zugführer, daß ein anderer für mich auf Posten gehen muß.« Ist für den Männerkrieg halt noch viel zu jung, das Bübl, hat kaum einen Flaum auf der Oberlippe.
Beni gibt sich einen Ruck. Was weiß er vom Leben, nicht so viel, wie er schon vom Tod weiß.
Scharf sieht Dimai ihn von der Seite an: Was hat der Bub? Ist ihm das mit der Post so nahegegangen? Ganz still ist er, und seine Augen sind rot. Wie langsam er in den Mantel schlüpft, wie zögernd er nach dem Gewehr greift und sich noch einmal umsieht – nach irgend etwas.
Die sechs Männer treten an. »Fertig?« fragt Staudacher.
Die zur Ablösung Kommandierten treten mit Staudacher, der sie aufführen muß, vor die Kaverne. Beni geht als Vorletzter. Sie müssen sich mit der ganzen Körperkraft gegen den Sturm stemmen, der über die Kuppe fegt und hohe Schneefahnen über sie hinwälzt. Kaum können sie sich aufrecht halten. Noch keine zehn Schritte sind sie gegangen, als sie schon über und über voll mit Schnee sind.
Die Eiskristalle zerschneiden unbarmherzig das Gesicht. Trotz Mantel, Tuch und Hauben fährt der Wind jedem durch und durch.
Die Posten draußen merken kaum, daß die Ablösung kommt. Halb erfroren sind sie, bocksteif, können nicht reden, kaum die Glieder rühren. Die Ohren dröhnen ihnen vom Brausen des Sturmes.
Erlöst torkeln sie zurück in den Schutz der Kaverne und werden von ein paar Hilfsbereiten aus ihrer Vereisung geschält. Auf dem kleinen eisernen Öfchen ist heißer Tee für sie bereit. »Da, trink!« sagt einer. »Schaust ja aus wie das bittere Leiden Christi.« Eine Viertelstunde dauert's, bis sich

die Männer erholt haben. Dann kriechen sie, ohne viel zu sprechen, auf ihre armselige Liegestatt.
Im Halbdunkel hockt Dimai auf seinem Lager. Ihm geht viel durch den Kopf: Die Lawine, der Tod des Telefonisten Beham, den man zerschmettert am Fuße des Grates gefunden hat.
Die Sache mit der Post, Beni, ja der Beni auch.
Ruhig ist es in der Kaverne geworden. Nur das schnarchende Atmen der Schlafenden unterbricht die Stille. Dann und wann stöhnt einer im Schlaf, ein anderer schreckt auf, redet wirres Zeug.
Dimai blinzelt hinüber, wie sie dort liegen: der eine zum Igel gerollt, unter Decke und Mantel ganz vergraben, der andere frierend lang und schlank an die Bretterwand gedrückt; wieder ein anderer liegt auf dem Rücken, hat den Mund weit offen und schnarcht, die Arme unter den Kopf gelegt. Nur Staudacher, der schläft brav auf der Seite, wie »zu Haus«, schön zugedeckt, einen Polster unterm Kopf, ohne zu schnarchen.
Und draußen faucht in harten, wilden Stößen der Wind um den Kavernenfels, daß einem der kalte Schauer über den Leib läuft. Durch die Fugen in der Tür pfeift es heulend und jaulend, als wären alle Geister der Hölle los.
Dimai läßt der Gedanke an Beni keine Ruhe. Er steigt vom Lager herab, bindet sich den Wollschal um den Hals, zieht die Kappe über die Ohren, nimmt die Fäustlinge, den Stutzen. Kaum kann er die Tür aufbringen, so arg preßt der eisige Sturm von draußen dagegen.
Nun steht er in der Nacht, der fürchterlichen Nacht, steht allein draußen im Sturm, als wäre er der letzte Mensch, der in dieser Welt noch lebt.
Jeden Schritt kennt er in der Stellung und muß sich doch wie blind von Graben zu Graben durchschlagen.

Im gedeckten MG-Stand sitzen zwei am Schwarmofen und wärmen sich. Das sind die beiden Posten von der Südkuppe, die mit den anderen dort Halbstundenschicht ausgemacht haben: zwei stehen draußen, zwei wärmen sich, umschichtig.

»Was Neues?

»Na!«

»Wie schaugt's vorn aus?«

»Vorn?« Die beiden zucken die Achsel. Wo ist vorn bei diesem Wetter? Vorn ist überall und nirgends.

Dimai tastet sich in der Dunkelheit weiter. Albert drückt sich eng an die schützende Traverse, die Hände hat er wie ein Kapuziner in die Mantelärmel gesteckt. Er wendet den Kopf und nickt, er ist enttäuscht, weil er den Zugführer für die erwartete Ablösung gehalten hat. Reden kann er nicht, der Sturm wütet so furchtbar, daß man nicht »ja« oder »nein« sagen kann.

Jetzt hat Dimai den Beni erreicht, der im nächsten Grabenstück hinter einer fast zugewehten Schußscharte kauert. Handhoch liegt der Schnee auf seinen Schultern, auf seiner Kappe, auf dem Gewehrschaft. Vereist sind die hellen Locken, die unter der herabgeschlagenen Kappe hervorquellen.

Mit vorgebeugtem, etwas gesenktem Kopf starrt Beni unbeweglich durch das Loch in der Scharte hinaus.

»Beni!« ruft ihn Dimai an.

Er rührt sich nicht.

»He, Beni, schlaf net!«

Dimai packt ihn an der Schulter: »Beni, Beni . . .«

Lauter schreit er es ihm ins Ohr. »Hoi, Beni!« und dreht ihn herum. Da sinkt der Junge von dem schmalen Postensitz herunter und fällt ihm steif und starr in die Arme.

Dimai fängt den Jungen auf.

»Hallo, Posten!« schreit Dimai. »Hallo, schnell, her da!« Sie packen den Beni bei Armen und Füßen und schleppen ihn aus dem Graben hinunter zum MG-Stand.
Behutsam legen sie Beni auf den verschneiten Boden. Dimai zieht ihm die Fäustlinge ab, putzt ihm die zugeeisten Augen frei, die wie im Schlaf geschlossen sind. Sie reiben ihn mit Schnee ab, bewegen seine Arme heftig vor- und rückwärts, massieren die Füße – doch es ist umsonst. Kein Atem, kein Herzschlag mehr.
Sachte knöpft Dimai die Bluse, den Mantel wieder zu, als fürchte er, den Jungen aus dem ewigen Schlaf zu wecken. Zwei andere greifen zu, heben ihn auf – wie leicht ist das Bübl! – und tragen Beni zur Kaverne hinüber. An der Felswand soll er liegen bis morgen.
Eine Decke breiten sie über ihn, auch wenn er keine Decke mehr braucht.
Dimai legt die steifgefrorenen Arme an den Körper. Ruhig tut er das und ist doch innerlich so bewegt, daß er sich kaum fassen kann. Dieser grausame Krieg! Das Bübl, das da tot unter der Decke liegt, war ihm ein Stück lebendige Heimat.
Dimai tritt in die Kaverne, aus der ihm dicke, warme Luft entgegenschlägt. Ruhig schlafen die Männer den schweren, traumlosen Schlaf der Müden und Erschöpften.
Er rüttelt Venizi auf. Der fährt hoch und starrt mit halbwachen Augen auf Dimai.
»Der Beni . . .«
»Was ist mit ihm?«
»Erfroren, tot.« –
Eine Woche lang müssen sie warten, bis die eisigen Stürme es zulassen, den Toten durch den mannshohen Schnee auf die Lagazuoi-Alm hinunterzutragen und im Soldatenfriedhof zu begraben. Zu den einhundertsechzehn Holzkreuzen ist ein neues gekommen, unter dem der arme Beni seinen

letzten Schlaf tut. Dimai und seine Kameraden beten ein stummes Vaterunser, dann stapfen sie durch das Schneekar wieder hinauf in ihre Stellung am Col alto.
Wie es sich gehört, halten die Italiener die Zugänge unter Feuer, sausen stündlich ein paar Granaten auf die Kuppe des Col alto und schießen außerdem noch immer hinüber in die glatte Falzarego-Wand, wo sie Wunder was vermuten und wo doch nichts ist. »Sparbüchse« nennt Tschäms diese Wand, an der die italienische Munition nutzlos zerbirst. Aber wenn einmal das welsche Artilleriefeuer nicht pünktlich einsetzt, wird er gleich zornig: »Was ischt denn das heut? Jetzt wart i schon a halbe Stund und nix kimmt. Zu was sein wir denn da?«
Weihnachten.
Vom Tal herauf hat einer einen kleinen Tannenbaum gebracht, der, mit Kerzenlichtern geschmückt, in der dunklen Kavernenecke steht. Dann haben sie sich heiser gesungen, um das Heimweh zu vergessen. Ein Hauptspaß aber: Ein Wiener hat der Col-alto-Besatzung ein Grammophon zum Geschenk gemacht, das er selbst zusammengebastelt hat: Man braucht nur an der Kurbel zu drehen – dann fängt der danebenstehende Erfinder auch schon zu krächzen an, daß an der Vollkommenheit des »Instruments« auch nicht der geringste Zweifel ist und er »Platte« um »Platte«, ganz nach Wunsch, singen kann.
Sie spaßen und machen mit, und Oberleutnant Kall verteilt seine Zigarettenzuteilung. Er ist glücklich, weil er einen langen Brief mit einem schönen Bild von seiner Braut bekommen hat. Dann singen sie das Lied vom Tannenbaum, und gegen Mitternacht, während noch ein paar zarte Lichtlein das Bäumchen in ihrer Mitte beleben, das Lied von der stillen Heiligen Nacht, die den Menschen, die guten Willens sind, den Erlöser gebracht hat. Das Christkind weilt eine

kurze weihevolle Stunde unter dem verlorenen Häuflein vom Col alto.

Das neue Jahr beginnt wunderschön. Alles ist tief verschneit, sogar der schwarze Pulverstaub der Granateneinschläge ist verschwunden. Die Luft ist diamantklar, beinahe mild im ruhenden Wind. Die Gipfel haben wehende Schneefahnen gehißt, und unendlich hoch spannt sich das Zelt des Himmels darüber.

Dimai liegt mit Venizi und Kofler drüben auf der »Alpenrose« im Maschinengewehrstand und sucht mit seinem Glas die weiße, spurenlose Schneedecke des Vorfelds ab.

»Keine Spur von einer Spur«, meint Kofler.

Füchse, Schneehasen, etliche versprengte Gemsen – sonst sind wirklich keine Spuren zu entdecken.

Plötzlich aber bleibt Koflers Blick an einem bestimmten Punkt hängen, dann gibt er das Glas dem neben ihm liegenden Dimai:

»Schau, dort!«

Dimai schaut, schaut wieder, lange.

Dann setzt er das Glas ab und reibt sich die Augen.

Und klebt wieder hinter dem Feldstecher.

»Teufel!« sagt er und gibt das Glas dem anderen. »Venizi, schau du! Dort drüben unter der Südkuppenwand. Aber schau genau!« So gewandt ist Venizi nicht mit dem »Spekulierglas«. Er muß erst lange probieren. Dimai steht hinter ihm:

»Mehr rechts! Siehst was?«

»Meinst du die Fuchsspur?«

»Na, schau genau. Noch mehr rechts! Siehst noch immer nichts?«

Kofler liegt jetzt zwischen ihm und Dimai.

»Doch, einen Weg.«

»Und weiter?«

»Da arbeiten sie und schanzen. Meinst du das?«
»Ja, das mein ich! Gib das Glas her! Hast du gesehen, wie frisch geschaufelte Erde und Schutt über den Schnee hinunterkollern – eine rote Gasse. Weißt, was das heißt?«
»Ja, daß sie halt – na, eigentlich weiß i's net!«
»Denkt einmal nach, beide, und schaut genau hin, bis i wieder zruck bin.«
Eine Viertelstunde später kommt Dimai mit Oberleutnant Kall zurück.
»Da unten!« sagt Dimai und deutet hinunter auf die Steilhänge am Wandfuß des Col alto, in die man von hier, vom äußersten rechten Flügel aus, guten Einblick hat.
Kall nimmt bedächtig das Glas hoch, stützt die Ellbogen auf und schaut hinunter.
Setzt ab und schaut fragend Dimai an.
Der nickt bloß:
»Es ist schon so, Herr Oberleutnant!«
Und noch einmal setzt Kall das Glas an – fest, dann läßt er es ins Tragband fallen und wendet sich um:
»Ich fürchte, Sie haben recht, Dimai; vielleicht aber ist die Sache ganz harmlos. Jedenfalls müssen wir schleunigst dahinterkommen!«
Dimai deutet nach dem isolierten Turm hinaus, der Punta di Falzarego, der mit verschneiten Bändern steilwandig vor der Tofana liegt.
»Wenn einer hinaufkäme, auf diesen Turm, von dort aus müßte man genau sehen können, was da am Fuß des Col alto geschieht.«
»Kommen Sie hinauf?«
»Ich denk schon, Herr Oberleutnant, den Turm könnten wir, glaub ich, von der schußsicheren Seite anpacken!«
»Gut, Dimai! Nehmen Sie sich Venizi, Barbaria, Kofler und noch ein paar ausgezeichnete Männer mit, dann los in Got-

tes Namen! Wenn das zutrifft, was wir glauben, ist keine Zeit zu verlieren.« –

Sieben Skifahrer stehen vor der Kavernentür. Weiße, leichte Schneemäntel haben sie übergezogen, damit sie sich kaum vom Weiß des Schnees abheben. Wie Beduinen im wallenden Burnus schauen sie aus. Noch dunkler scheinen die verbrannten, bartumrahmten Gesichter. Quer hängt ihnen der mit Patronen gefüllte Brotsack an der Hüfte, quer der Stutzen über dem Rücken.

»Los!«

Jetzt stäuben sie auf ihren Skiern den Steilhang hinunter, in kleinen, scharfen Kehren reißen sie die Bretter bald links, bald rechts herum. So meistern sie rasch und sicher das Kar.

Und weiter!

Es geht um Minuten. Sch-sch – sind sie drunten und verschwunden. –

Es ist ein komplizierter Weg, den sie nehmen müssen: über die Hänge erst gegen den Travenanzes-Kessel hinunter, dann wieder hinauf, zwischen Falzarego-Zinne und »Ochsensattel«, und dann – wahrscheinlich angesichts des Feindes – das Vorfeld hinunter, hinter den Turm, der zwischen den Linien liegt.

Der Pulverschnee sprüht vor ihren Skiern wie Kielwasser vor dem Schiff. Wenn sie abschwingen, weht eine weiße Flagge aus Schneestaub hinter ihnen auf. In sicherer Linie zerschneiden sie die weite, weißfunkelnde Fläche.

Dimai, auf seinen Brettern in diesem Gelände ein Meister, schießt voran durch das Kar, stoppt an der Kante des Turmes ab.

Bis hierher war's Spaß, jetzt wird es Ernst.

Vorsichtig biegen sie um den Fels, schnallen ab, steigen mit den geschulterten Skiern Mann über Mann auf steiler Halde

empor bis in die Scharte, schnallen wieder an – noch ist kein Schuß gefallen.
Nun gilt es: Zähne zusammenbeißen, fast bis zu den Knien auf die gleitenden, sausenden Bretter niedergeduckt, flitzen sie durch das vom Feind eingesehene Falzarego-Kar hinunter. –
Sieben wehende Burnusse, sieben rauchende Schneefahnen und zischende Skier.
Taktaktak –! Sie sind entdeckt! Der Alpiniposten auf der Cima hat sie im Korn, und damit ist alles ringsum alarmiert. Das Maschinengewehr vom Col di Bois rattert los.
Teufel! Da heißt es kaltes Blut und »auf sicher« fahren! Wer stürzt, bleibt liegen für immer. Um Bruchteile von Sekunden geht es jetzt.
Die Reihensalven spritzen hinter den Skifahrern in den Schnee. Aber ihre tolle Schußfahrt ist so schnell, daß der Italiener am Maschinengewehr nicht rechtzeitig nachschwenken kann.
Die Felsnase dort unten –!
»Alle zu mir her«, ruft Dimai.
Sie werfen sich, durch den Fels gedeckt, in den Schnee – atmen schwer: »Gott sei Dank!«
»Hab i was draufghabt!« meint Tschäms. »Mei Liaber, wenn so die welschen Zwitscherln hinter dir her sind, da lernst Ski fahren!«
Dann kriechen sie, ohne Skier, gut gedeckt, weiter durch den angewehten Schnee – und sind am Turm.
Schnee liegt droben auf den schmalen Bändern, die Wände sind glatt und ungegliedert.
»Kofler, du wartest mit den anderen hier unten«, entscheidet Dimai. »Ihr deckt allenfalls unseren Rückzug. Ich steig mit dem Venizi hinauf. Es muß schnell gehen; Venizi, bist bereit?«

»Bereit!«
Schon haben beide die weißen Schneemäntel über den Kopf gezogen und abgelegt, das Seil entrollt. Venizius Alverà, einer der verwegensten Kletterer und Bergführer aus Cortina, knotet sich die Schlinge um die Mitte, und ohne daß noch viel geredet wird, hängt Dimai schon ein paar Manneshöhen hoch im Fels. Venizi läßt sichernd das Seil durch die kräftigen Fäuste laufen. Gespannt blicken die fünf ihnen nach. Langsam nur schiebt sich Dimai aufwärts. Jetzt ist er auf dem ersten Band.
Vom Col alto aus werden sie beobachtet. Oberleutnant Kall hat alles scharf im Glas.
Dimai schmiegt sich eng an den Felsen und schiebt sich höher. Venizi folgt sichernd nach.
Ein Band, auf dem sie sich, Fuß neben Fuß, die Arme ans Gestein gebreitet, weitertasten, führt um die Kante. Auf dieser Seite scheint es nicht weiterzugehen.
Die andere Seite aber liegt in der Sicht des Feindes.
Da knattert auch schon wieder das italienische Maschinengewehr. In kurzen Salven. Die fünf, die unten stehen, hören es mit klopfendem Herzen. Sie sehen nicht, was vorgeht. Sehen weder die beiden noch den Feind.
Die Kletterei ist leichter geworden. Dimai und Venizi greifen gleichzeitig in den Fels, klettern an den rauhen Vorsprüngen der Wand empor. Laufen fast. Auf der kleinen Terrasse unter dem Gipfel werfen sie sich nieder. Über ihnen gellen die Schüsse in die Gipfelwand. Verwehender Staub am blanken, eisfreien Fels verrät die Einschläge.
Sie liegen und rühren sich nicht. Sie hoffen, daß man sie nicht sehen kann. Und richtig, nach ein paar Minuten setzt das Feuer aus.
Mit ein paar Sätzen haben sie die Gipfelwand erreicht. An der Kante sind sie wieder in Sicherheit.

Und Minuten später liegen sie auf dem kleinen Gipfelplateau. Jäh fallen nach allen Seiten die Wände ab. Dann kriecht Dimai vor bis an den Absturz, wendet sich zurück. Die Col-alto-Wand hat er hier gerade vor sich. Mit einem Blick übersieht er die Situation: Droben die eigenen Stellungen, er kann sie Zug um Zug verfolgen von der »Südkuppe« an bis zur »Alpenrose« hinüber. Wie eine lange Reihe kleiner Fenster gucken die Schußscharten herab. Unter den Stellungen bricht die graurote Wand in die unberührte Halde nieder. Nein – *die* Wand ist nicht gangbar! Die breiten Bänder, die sie durchziehen, mögen erreichbar sein. Die senkrechten Wandstufen aber machen den Col alto zur Festung, die man auf diesem Wege niemals erreichen kann.

Nicht über die Wand. Aber anders.

Dimai sieht jetzt bestätigt, was er vermutete. Er winkt den Freund heran und deutet hinüber zum Fuß der Wand.

»Weißt jetzt, was drüben geschieht, Venizi? Siehst den schwarzen Stollen? Schau, wie's da wimmelt, wie sie von den Baracken, die da unter der Wand kleben, kommen und gehen, alle hin zu dem verdammten Loch.«

»Was tragen sie denn da für Kisten?«

»Ekrasit zum Sprengen. Unser Col alto wird angebohrt, verstehst du, wir werden *unterminiert!*«

Irgendwo fallen Schüsse. Hat man die beiden entdeckt? Ganz nahe schlagen ein paar Kugeln ein. Aber Dimai läßt sich nicht stören. Er ist heute bei extraguter Laune trotz Stollen und Ekrasit und feindlichen Scharfschützen.

Sie schieben sich flach gepreßt über das kleine Gipfelfeld auf die gegenüberliegende Seite hinüber, auf eine kleine Kanzel hinaus. Gefährlich ist es da. Aber dieser Blick ist beinahe ein Leben wert: Dort unten liegt Cortina!

Cortina! jubelt Dimais Herz. Cortina! Und er packt den

Freund, der dicht neben ihm liegt, preßt ihm vor Freude und Glück den Arm zusammen.
Nur schauen, schauen.
Sie reden kein Wort, starren bloß hinunter ins weite Land, das ihre Heimat ist.
Ja, es ist alles wie immer, der Kirchplatz, die Hauptstraße, dort der Platz mit dem »Croce bianca«, das Gemeindehaus, alles, alles. Dimai bringt das Glas nicht mehr von den Augen. Ja, jetzt geht er den Weg heimzu, ganz deutlich, die Kapelle da, die kleine Brücke und da, das alte Wegkreuz und – Majon!
Jetzt ist er daheim. – Majon.
Die Lärchen auf dem Hügel.
Das Haus, in dem seine Frau schaltet und die Mutter, ... das Kind ...
Die Luft flirrt, der Schnee blendet.
Wie ein Zauberbild erscheint es ihm, so ferne, so unwirklich und ist doch strahlende Wirklichkeit.
Tritt da nicht jemand vor das Haus?
Nein, es ist unmöglich, das auszumachen. Es ist nicht mehr als eine winzige, unruhige Stelle im Bild.
Die Augen schmerzen. Der Schnee blendet.
Der Freund stößt ihm den Ellbogen in die Rippen.
»Gib her!« ruft Venizi, nimmt Dimai das Glas von den Augen und sucht das Dorf ab. Dort um die Ecke liegt sein Haus. Er kann nur das Dach sehen. Aber wo ein Dach ist, da ist auch ein Haus, sein Haus. Er steckt den Kopf weit vor, um besser sehen zu können. »So nah unserer Heimat«, meint er, »und doch so weit fort!«
Wieder pfeift ein Schuß herüber. Klack! Dimai zieht den Kopf zwischen die Schultern.
In diesem Augenblick fällt, was Krieg ist, von ihm ab, er ist nur mehr Bergführer Dimai, der sein Heim dort unten

sieht, in dem sein junges Weib lebt, die Mutter, und das Kind, das er noch nie gesehen hat. Mag die Welt dagegenstehen, Freund und Feind, nur für dieses Haus, für die Menschen, die er liebt, lebt er.

Ernst ist seine Stimme geworden. Wort für Wort kommt ihm schwer von den Lippen:

»Ich muß es dir sagen, Venizi, was ich noch keinem gesagt hab: Ich gehe hinunter.«

Der Freund schweigt. Dimai läßt kein Auge von dem geliebten Bild.

»Nicht desertieren – Gott bewahre. Daran denkt keiner von uns, das weißt du, Venizi. Bloß hinuntergehen. Grüß Gott sagen und fragen, wie es ihnen geht und was man so redet, wenn man für ein paar Stunden heimkommt. Und in der Nacht dann wieder zurück.«

Er nimmt das Glas fort, reibt die schmerzenden Augen.

»Du bist der einzige, Venizi, dem ich es gesagt hab. Kein anderer weiß davon, keiner darf etwas davon erfahren. Ich möchte nicht, daß andere meinetwegen in Bedrängnis kommen. Von dir, Venizi, weiß ich, daß du schweigen kannst und zu mir stehst, mag kommen, was kommt.«

Dimai greift, noch immer mit dem Blick ins Tal, nach Venizis Schulter: »Was meinst du dazu, Venizi?«

Aber Venizi gibt noch immer keine Antwort.

Jetzt dreht sich Dimai zu ihm hinüber.

»Venizi, um Himmels willen, was ist?«

Der Ärmel, auf dem der Kopf aufliegt, ist naß, blutig, in der Schläfe ein Loch, aus dem das Blut sickert.

»Venizi!«

Fast schreit es der zu Tode erschrockene Dimai. Er rüttelt den Getroffenen. Da sinkt dessen Kopf zurück, das Weiße des gebrochenen Auges starrt ihm entgegen.

Dimai merkt in seinem namenlosen Schrecken nicht, daß

Schuß um Schuß neben ihm einschlägt. Der Scharfschütze vom Col di Bois zielt gut.

Auf dem Bauch kriechend, schiebt er sich vorsichtig zurück, zieht den Toten mit sich, dort ist ein Block – Deckung gerade für einen Liegenden. – Venizi!

Hinter den Block bettet er ihn hin. Er kann den Toten nicht über den Turm hinabbringen. Mit zitternden Händen nimmt er an sich, was ihm und anderen Andenken sein mag: die billige Uhr von gelbem Tombak, die zerbissene Tabakspfeife.

»Venizi. Leb wohl!«

Dann schwingt sich Dimai über die Kante, krallt sich an den Fels, turnt auf schmalen Leisten entlang, quer hinüber auf die andere Seite, bis er wieder in Sicht der Col-alto-Stellungen ist. Sieht man es drüben? Weiß man es?

Kall hat gewiß gesehen, daß nur einer von den beiden zurückkehrt.

Bald darauf ist Dimai eine Wand tiefer unten. Vom letzten Felsvorsprung klettert er hinunter, wo die fünf Kameraden warten.

Sie sehen ihn an.

Er braucht kein Wort zu sagen. Sie wissen, was er ihnen sagen will.

Weit ist der Weg zurück in die Stellung, tausend Gefahren, im schimmernden Dunkel der Nacht.

In Dimais Herzen aber bohrt sich ein einziger Gedanke fest. Er ist ein frommer, ein gläubiger Mensch und versucht in seinem einfachen Denken das Rätsel zu lösen, das ihm dieser schicksalsschwere Tag zu lösen aufgibt: Der einzige Mensch, dem er seinen verwegenen Plan, nach Hause zu gehen, gestanden hat, der einzige Zeuge dieses Entschlusses ist tot. Soll er diese grausame Fügung als ein Zeichen des Schicksals auffassen, sein Vorhaben durchzuführen? Oder soll er den Tod des Freundes als Warnung nehmen? Tschäms macht es sich leicht, wenn er im Zweifel ist, der zählt es an seinen Rockknöpfen aus, was er tun soll oder nicht tun soll. Er aber, Dimai, verbohrt sich in das bittere Für und Wider, daß es ihm schier den Atem nimmt. Doch stärker als aller Zweifel ist der Gedanke an Pia. Andere nennen es Sehnsucht oder ähnlich. Er liebt die großen Worte nicht, doch eines weiß er: daß in dieser Stunde der Gedanke an Pia und sein Kind in ihm stärker ist als jede andere Gewalt auf dieser Erde.

12

Franchetti war mit dem Fortgang der Bohrarbeiten im Col alto zufrieden. Von der ebenen Sohle stieg nun der knapp mannshohe Stollen tief drinnen im Leib des Berges nach oben, zunächst noch in sanfterer Neigung, nicht direkt gegen die angezielte Bergkuppe, sondern in weit ausholenden, unterirdischen Kehren.

In Sechs-Stunden-Schichten wurde gearbeitet, Tag und Nacht, ohne Pause. Eine Schicht gab der nächsten die Hämmer in die Hand. Obwohl ein Sappeuroffizier eigens in den Stollen beordert worden war, überwachte Franchetti selbst die Arbeit. Er war jetzt ganz in seinem Element.

Die Mineure blieben von der Umwelt völlig isoliert. Nicht einmal in den benachbarten Stellungen der Alpini wußte man, was dort am Fuß der Wand vor sich ging. Von Winterkavernen und neuen Artilleriestellungen wurde gesprochen, um das Unternehmen auf diese Weise zu tarnen.

Aber die frisch aufgeworfenen Halden konnten den Plan verraten. Tatsächlich, dieses rötliche Gestein über den weiten Schneehängen sah sehr verdächtig aus.

Die österreichische Patrouille neulich, die herausfordernd kühn den Turm am Tofanafuß erklettert hatte, was wollte die dort oben? Hatten die Österreicher Einblick in die Minierarbeiten gewonnen? Ein Mann war dabei abgeschossen worden. Sollte man ihn bergen? Vielleicht fanden sich dabei irgendwelche Anhaltspunkte.

Franchetti schickte acht der besten Alpini aus. Sie brauchten lange, bis sie den Turm erreicht hatten. Eine Sanitätsflagge trugen sie mit sich, das rote Kreuz im weißen Feld war auch in den österreichischen Stellungen sichtbar.
Dimai und Kall lagen beobachtend im Graben. Genau konnten sie verfolgen, was dort drüben am Turm geschah. Die Alpini suchten das ganze Gipfelfeld ab und machten sich an dem Toten zu schaffen, der tief im Schnee lag. Jetzt trugen sie Steine und Blöcke herbei, immer wieder: Sie bauten Venizi den Grabhügel und setzten ein Holzkreuz darauf. Kein Schuß fiel.
Weithin war das kleine, hölzerne Kreuz, unter dem nun der Tote schlief, zu sehen. Man erkannte im Glas auch, daß eine Kappe daran hing und quer am Kreuzbalken der Stutzen. Bald war das Gipfelplateau wieder leer. Ungestört schlief Venizi dort oben seinen ewigen Schlaf.
Trotz Mord und Krieg.
Viel hatte die Alpinipatrouille nicht zu berichten. Der Stolleneingang sei vom Gipfel dieses Felsturmes aus allerdings gut zu sehen. Der Gefallene trage Jägeruniform, eine Landesschützenkappe mit der Spielhahnfeder und sei dem Alter nach über Vierzig gewesen. An Gegenständen hätten sie bei dem Toten lediglich die Legitimationskapsel gefunden. Der Name: Venizius Alverà, aus Cortina gebürtig.
Franchetti stutzte. Also ein Mann aus dieser Gegend, der gewiß jeden Gipfel, jeden Grat genau kannte. Wer war wohl der andere gewesen, der, der von jener kühnen Patrouille zurückgekommen war? Um diesen ging es; denn dieser hatte vermutlich den Stolleneingang entdeckt und das geplante Unternehmen erkannt. Wer war dieser andere?
Höchste Vorsicht war geboten. Das losgesprengte Material durfte auf Befehl Franchettis nicht mehr auf die Halden geschüttet werden. In forcierten Schichten wurde eine unter-

irdische Rutschanlage zur Dolomitenstraße gebaut. Wenn sich dort unten allmählich der Auswurf anhäufte, war der Schutt nicht mehr verdächtig. In den sichtgedeckten Mulden des Vorfeldes vor jenem »Patrouillenturm« wurden vier Schützennester angelegt. Ein scharfer Wachdienst wurde durchgeführt, um den Österreichern den Zugang zum »Aussichtsturm« zu versperren. Vielleicht schickten sie nochmals Leute auf den Turm. Die Alpini bekamen strenge Weisung: durchlassen und dann – abfangen, festnehmen. Mit eindringlicher Deutlichkeit hatte Franchetti das den Wachen eingeschärft.
Im Berginnern aber ratterten Tag und Nacht die Bohrer. Ohrenzerreißend war das Getöse, ein ununterbrochenes, nie nachlassendes Rattern, Beißen, Stoßen, Wirbeln. Wie bissige Hunde schlugen diese kleinen Maschinen, die man, wenn sie stillgelegt waren, fast wie Wickelkinder auf den Arm nehmen konnte, auf das harte, stäubende, knirschende Kalkgestein los und stießen in zuckender Geschwindigkeit ihre stählernen Zähne in den Fels.
Die Mineure mit nacktem Oberkörper knieten, zwei Mann nebeneinander, Schutzbrillen vor den Augen, ein feuchtes Tuch vor dem Mund, im herabgebrochenen Gestein. Zuerst wurde der Fels angelocht. Weißer Staub rieselte heraus und füllte das Gewölbe.
Andere lagen auf dem Rücken, hielten die Steuerung in den an die Brust gestemmten Händen und dirigierten auf diese Weise den rotierenden Bohrer. Wieder andere hielten den tanzenden, schlagenden Hammer nur mit den Füßen fest. Wenn einer von den stahlharten Bolzen sprang oder seine Beißkrone mürbe geworden war, brachte sogleich ein dritter neue Eisen: eins, zwei, drei: Die Bolzen saßen fest, die alten flogen in den Bohrschutt, das Ventil wurde aufgemacht, und schon ratterte es wieder in den Fels hinein!

Nach jeder Schicht wurden die Löcher geladen, mit Ekrasit vollgestopft, zugeschmiert, einen halben Meter Zündschnur daran und angezündet, und nun hieß es laufen! Hundert Meter, hundertzwanzig, weiter kamen sie nicht. Dann erschütterte die Detonation den Berg, der Luftdruck warf die Männer zu Boden. Noch gefährlicher waren die nachziehenden giftigen Schwaden. Trotzdem – die Arbeit ging unaufhaltsam weiter. Immer tiefer fraß sich der Stollen in den Berg. Die abgelösten Männer brauchten schon fast eine halbe Stunde, um von der Sprengstelle ins Freie zu gelangen.
Die flackernde Grubenlampe zwischen den Zähnen, die Hände an die Wände des nachtfinsteren Stollens gespreizt, so tasteten sie sich dem Ausgang zu, bis dieser, wie ein aufgehender Stern, immer größer und heller werdend, ihnen entgegenschimmerte. Da kam schon die neue Kolonne daher, Schaufler, Brecher, Mineure.
Um den Abtransport des Materials zu beschleunigen, wurden weitere Mannschaften eingesetzt; eine lange Menschenkette vom Stolleneingang bis knapp vor »Ort« warf sich die gefüllten Säcke zu, dann polterte das Material in den Schlund der Rutsche hinein. Die Mulde, die den Schotter aufnehmen sollte, war schon halb voll.
Franchetti, taub, ohrenzerschlagen, weiß bestaubt, kam aus dem Stollen zur Baracke. Todmüde warf er sich auf das Lager.
Was war das für ein Krieg?
War es nicht sinnlos, dies alles?
Seine Idee? Ach, längst schon verfluchte er diese Idee, den Krieg, alles, alles. –
Bei den Jägern auf dem Col alto gab es Urlaub. Umschichtig durften sie in dieser ruhigen Zeit, einer nach dem anderen, heimfahren – nur die Männer aus Cortina nicht.

Das Abgehen und Eintreffen der Urlauber war ein besonderes Ereignis in diesen stillen, hochwinterlichen Wochen des einsamen Bergkrieges.
Viel hatten die Urlauber nicht zu erzählen. Das Wesentliche, das glückliche Wiederfinden und Beisammensein mit den Angehörigen, verstanden sie nicht in Worte zu fassen. So blieben es bittere Dinge, die sie erzählten, daß gefangene Russen überall auf den Höfen arbeiteten, daß man auch schon die Allerjüngsten ausgehoben habe, daß nun viel Not und Leid im Land war und daß niemand mehr an ein gutes Ende des Krieges glaube.
Es gab aber auch solche, die gradwegs erklärten, sie hätten schon gleich in den ersten Tagen ordentlich Heimweh nach dem Col alto bekommen, und daß keine Granaten um sie gekracht hätten, sei ihnen ganz »spaßig« vorgekommen, und sogar die schwarze Kaffeebrühe aus der blechernen Menageschale sei ihnen abgegangen.
»Oho«, rief Tschäms, »wann alls wahr ischt, was du daherliagst, so isch es gelogen! I für mein Teil, dös hab i gschworn, i trink die nächsten dreitausend Jahr gwiß kein schwarze Kaffeebrüh mehr!«
Aber das mit dem »Frontheimweh« stimmte wirklich. Wenn man beobachtete, wie ein einrückender Urlauber alles in der Kaverne musterte, ob sich nichts verändert habe, ob sein elender, feuchter Liegeplatz noch der alte sei, und wie er jeden rostigen Nagel wie ein teures Erbstück begrüßte, und mit welcher Selbstverständlichkeit sich jeder wieder in die Kameradschaft, in die Kavernen- und Frontfamilie einfügte, dann mußte man zugeben, daß die Bindung an dieses elende Leben fast erschütternd war. Bei den Männern aus Cortina wurde die Sehnsucht nach der verlorenen Heimat immer übermächtiger. Es war ein Leid, das schwer und verbitternd an ihren Herzen nagte. Der Dienst war in

diesen Tagen so öde und monoton, daß viel zuviel Zeit zum Nachdenken blieb.
Dem Befehl Kalls gemäß behielt Dimai seine vom »Fanesturm« aus gemachten Beobachtungen streng für sich. Und Venizi, der auch gesehen hatte, was die da drüben planten, lag unter dem Grabhügel, den ihm die Italiener gebaut hatten. Also schwiegen beide. Keiner von den anderen ahnte, was am Fuße des Col alto vor sich ging.
Hin und wieder gab's ein Hallo, etwa wenn der lange, zaundürre Kluibenschädel, Kalls »Pfeifendeckel«, sein neuestes Stückel erzählte:
»Wia i da so neulich nachm Aufräumen drüben in der Buden vom Kall sitz – der Oberleutnant war grad drunten auf Lagazuoi –, packt mi die Langweil. Wart, denk i mir, derbleckst einmal den Vystrczil, die Ordonnanz vom Hauptmann. Also i läut auf: ›Teräh-te, teräh-te, teräh-te –!‹ Richtig ist er schon im Kastl und plärrt mit Habacht hinein: ›Hierr die Urrdonnanz von Herrn Hauptmann Lehner!‹ Sag ich und hab täuschend dem Kall seine Stimm nachgemacht: ›Hier Oberleutnant Kall. Sind Sie es, Vystrczil?‹
Sagt der Blödian richtig: ›Befehl, Herr Oberleitnant!‹
Dem hab i aber eine Melodie runterpfiffn! Wißts, wos i gsagt hab? ›Wissen Sü, Vystrczil‹, hab i gsagt, ›wüssen Sü, daß Sü ein Idiot sind, ein I-di-ot, ein Trottel, ein Rindvieh, wüssen Sü, Vystrczil, daß Sü von Tag zu Tag blöder werden?‹ So hab i gsagt.
Mei Liaber, is der erschrockn! I hab ihn direkt zittern hörn, wie er dahergestottert hat: ›Befehl, Herr Oberleutnant, meld ghorsamst . . .‹
Fahr i ihm über die Goschn: ›Schweigen Sü, Vystrczil, i hab Sü gefragt, ob Sü wissen, daß Sü ein Trottel sind, Vystrczil? Antworten Sü!‹
›Befehl, Herr Oberleutnant‹, stotterte er, ›ich weiß es.‹

Da hat mi so das Lachen gpackt, daß es mir grad rausgefahren is und in den Hörer hinein: ›Ja‹, hab i gsagt zum Vystrczil, ›liabs Freunderl, alter Stoanesel, du Obertachinierer! D' Hauptsach is, daß du es selber weißt, daß du a Trottel bist!‹
Grad gwürgt muß es ihn haben, den Vystrczil, wie er in den Apparat neingschrien hat: ›Du Flegell, du unverschämter Kerll, du mit deine blede Witz, wann ich dich erwische, hörst du, hau ich dir eine rein in deine Pappen.‹
Jetzt paßts auf, was weiter passiert is: Mitten in sein Geschimpf hinein hör ich was. Und gleich darauf, wie jemand anderer den Hörer nimmt und ›Hallo – hallo!‹ hineinschreit. Auweh! der Hauptmann! Da hab i vorsichtshalber schnell den Hörer eingschnappt.
Der muß aber an Kopf aufghabt haben, mein Freund, der Vystrczil!«
Stundenlang zerpflücken die Männer die Geschichte, die außerdem noch ein kleines Nachspiel hatte.
Ein paar Tage darauf rief nämlich Kall selber den Hauptmann an: Aber was er auch auf den Summerknopf drückte und morste, niemand meldete sich. Endlich nach langer Pause nimmt jemand in aller Gemütsruhe den Hörer ab. Kall hört es ganz deutlich: Wütend ist er, weil sich die Ordonnanz nicht sofort gemeldet hat. Ein Donnerwetter bricht los.
»Hallo, was ist denn dort los in eurem Saustall, ihr Schlafmützen! Hier ist Oberleutnant Kall! Ist Vystrczil am Apparat, der Obertrottel? Antwort!«
Und nun legt drunten Vystrczil los: »Glaubst du, du kannst mich wieder bled machen, du alter Depp, du – ich kenn deine Spaßetteln schon, deine nixnitzige . . .«
Da aber geht es über den armen Vystrczil her: »Sind Sie verrückt geworden, Sie Oberidiot? Wissen Sie denn nicht, mit

wem Sie sprechen? Ich lasse Sie einsperren, Trottel, rufen Sie sofort Hauptmann Lehner!«
Da weiß Vystrczil Bescheid, und er rast davon –
»Servus, Kall!«
»Servus, Herr Hauptmann! Du, dein Bursche scheint den Schneekoller zu haben. Total verrückt, nennt mich blöd. Aber Schluß damit. Hör zu, viel ernster ist das: Ich muß, koste es, was es wolle, sofort Bohrmaschinen bekommen. Ich bin überzeugt, es ist so, wie ich gemeldet habe: Die Italiener bohren uns an. Das sind keine Winterkavernen, woran sie arbeiten! Gerade ihre Geheimnistuerei ist doppelt verdächtig. Wir müssen versuchen, sie mit einem Gegenstollen abzuquetschen.«
»Ich sagte dir's ja schon, Kall, du verlangst Unmögliches! Ich habe keine Maschine und bekomme auch keine! Habe schon alles versucht, habe selbst zum Geniekommando nach Brixen telefoniert. Das einzige, was ich machen kann – ein paar Sappeure kann ich für dich auftreiben!«
»Ich brauche keine Sappeure! Ich brauche Bohrmaschinen! Unter allen Umständen. Mit Handarbeit ist nicht das geringste zu wollen, auch nicht mit einer ganzen Kompanie Sappeure!«
»Lieber Kall! Noch einmal: wir *haben* keine Bohrmaschinen! Vielleicht in drei, vier Wochen, wie oft soll ich dir das sagen?«
»Da fliegen wir eben über kurz oder lang in die Luft!«
Kall wirft den Hörer auf den Kasten. Dann schlüpft er in seinen Mantel und stapft hinüber zur Kaverne.
Sternhell ist die Nacht. Das funkelt so friedlich, so fern allen Krieges, daß man wirklich nicht fassen kann, wie einem gleichzeitig von gottgeschaffenen Menschen im Berge der Tod vorbereitet wird, die feuerspeiende, menschenfressende Hölle!

Gott sei Dank, die Jäger da drüben singen! In die friedliche Nacht, deren Stille nur selten ein Schuß stört, klingt das Lied herüber – Schnaderhüpfeln.
Natürlich Tschäms! Jetzt ist Kall der Kaverne so nahe, daß er die Worte verstehen kann:

»Und an Kaffee in der Früah
und auf d' Nacht die gleich Brüah
und wenn ma an Stutzen net hätt,
ging ma mit was anderm ins Bett!
Aber sonst ischt uns woll –
auf der Wacht in Tiroll!«

Und er Chor fällt lachend ein:

»Aber sonst ischt uns woll –
auf der Wacht in Tiroll!«

Lauschend steht Kall vor der Kavernentür.
Beruhigt stapft er durch den tiefen Schnee in seine kleine, kalte, am Fels klebende Bude zurück.
»Tschäms, noch eins!« verlangen die Leute. Aber Tschäms ist heute nicht mehr zu haben: »Steigts mir am Buckel, Bagasch! Für sechzehn Heller Löhnung a no in der Nacht singen, das ischt z'viel verlangt! Alles, was recht is! Jetzt ischt Feierabend, Sperrstund! Aber zum Abgewöhnen: wer von die Herrn macht jetzt an bärigen Watter mit dem Herrn Tschäms, Malergehilfe und Bergführeraspirant aus Cortina?«
Dimai dreht bloß den Kopf ein ganz klein wenig zum Tschäms herüber. Das genügt; schon hat's Tschäms erfaßt: »Einen hab i schon. Ein Zugführer tut sich ja leicht mit seiner Millionärslöhnung!«

Die andern sind rasch gefunden. Zum Kartenspielen lassen sie sich nie lang bitten.
Noch zwei andere Kartenpartien haben sich gebildet: Tarockierer, denen der Bäcker Albert die Heller aus den Taschen zieht, und drüben die Perlagger. Andere sind mehr fürs Würfeln, das geht schneller, und dabei braucht man nichts zu denken. So gleicht jetzt die Kaverne dem finsteren Hinterwinkelquartier eines verbotenen Spielklubs.
»Herz ist Trumpf!«
»Der Ober sticht!«
»Mit einer Faust voll Trümpf ist leicht gewinnen!«
»Sechserpasch mußt werfen, wanns d' an Verstand hast, Florian!«
Tschäms hat verloren. Jubel im Rund. Jetzt muß er blechen, muß an den »Millionär« Dimai ganze zwei Kronen zahlen. Dimai tröstet den Verlierenden: »Gel, mei Liaber, die höheren Gewalten!«
Weiter geht das Spiel.
»An Schlag! Mit dem Blinden in der Hinterhand!«
»Raus mit der Farb!«
»Spiel ghört scho mir! Gußeisen«, schreit Tschäms und haut auf den Tisch. »Wer gibt?«
»Nur weiter! Das sind Karten!«
»So, meine Herrn«, lacht Tschäms, »jetzt geht's enk an den grünen Kragen! Helm ab zum Gebet! Machts euer Testament – jetzt werds alle eingsackelt.«
Da strecken die Kiebitze die Hälse, ja sogar die anderen Partien legen Karten und Würfel hin, verstummen und rücken näher, um zuzusehen, wie Tschäms den großen Schlag macht.
Ganz still ist es geworden.
Tschäms überlegt einen Augenblick. Grün spielt er an: »Grün ist die Hoffnung, die Hoffnung bleibt uns immer

noch, merkts es euch, Mander!« sagt er und heimst den ersten Stich ein.
Spielt rot Herz aus und singt dazu die schöne Strophe aus dem schauerlichen Lied vom Wildschützen und dem abgepflückten Edelweiß:

»Und in der Hand –
ganz *bluatigrot*
hält er –
die roate As!«

»*Bluatigroat* ist Trumpf!«
Dreißig Gesichter spitzen, ob ihm der große Schlag gelingt.
Nun zögert Tschäms einen Augenblick. Das gehört dazu, wegen der Spannung.
Langsam hebt er das gezogene Kartenblatt, um den noch verhaltenen, sicheren Trumpf auf den Spieltisch zu schmettern.
Die Kiebitze schauen, wie wenn sich das Wunderbarste ereignen müßte.
Und es ereignet sich. Nicht das Wunderbarste, aber das Merkwürdigste.
Die blechernen Menageschalen, so ein Dutzend, mit den abgeleckten Löffeln darin, ineinandergestellt und gehäuft, die machen plötzlich – ohne daß jemand sie berührt hätte – einen Sprung, hüpfen einen Fingerbreit in die Höhe und klappern aneinander – und dreißig Gesichter starren hin auf das tanzende, klappernde Geschirr.
Florian Dimai fahren Querfalten in die Stirn.
Einer will einen Witz machen, da nimmt ihm ein dumpfes Hallen das Wort von den Lippen.
Wo war das? Draußen war das nicht!

Klirr! Ein zweites Mal hüpfen die blechernen Schalen hoch, scheppern die Löffel. Atemlos wird die Stille.
Ein fernes, ganz fernes Donnerrollen.
Und die Blicke der Männer senken sich zum Kavernenboden nieder. Und zum dritten Mal: Klirr – klirr – wmmm!
Staudacher wirft sich auf den Boden und preßt das horchende Ohr an den Fels. Um ihn stehen die anderen.
Wmmm! Wmmm! – Staudacher hebt den Kopf, sieht nicht, wie ihm Dimai zuzwinkert. Noch liegend, stößt er hervor:
»Die Walschen kemmen von unten. Sie bohren uns an!«
Wie vom Schlag gerührt stehen die Männer da und wissen nicht, was denken, was tun.
»Merkt ihr jetzt, was los ist?« sagt Dimai in die angstvolle Stille hinein. »Aber solang die da drunten noch bohren, Leut, so lang brauchen wir nichts zu fürchten. Erst wenn sie einmal nimmer bohren . . . Wer spielt aus?«
Und er nimmt die Karten wieder auf und tut, als wär's das Alleralltäglichste, was man da eben entdeckt hatte.
Noch einmal: »Wer spielt aus?«
Wenn sie auch das Beispiel des Mannes, dem sie alle vertrauen und der allen der beste Freund ist, beruhigt, mit dem Kartenspiel ist's doch vorbei.
»Ja, ja, Tschäms! Die höheren Gewalten!«
Die Ruhe der Nächte ist dahin. Die Sicherheit, die ihnen die Kaverne gegeben hat, ist für immer vorbei. Die Kaverne hatte ihnen ihr Leben garantiert, sozusagen. Da herinnen war man vor den Granatschlägen sicher gewesen. Jetzt war auch das vorbei. Die Kaverne war von unten her gefährdet, Kaverne bedeutete jetzt Tod. Dimai versuchte die Männer zu trösten: »Bis so ein Felsgipfel mit Ekrasit geladen ist, das braucht seine gute Zeit.«
Doch das ist bloß ein Aufschub, keine Lösung. Seit jener Nacht wird nicht mehr gesungen. Auch wenig gelacht. Jetzt

sitzt immer einer auf dem »Anstand« und wartet auf die unterirdischen Sprengungen, zählt die Sprengschüsse, registriert sie, während die anderen sich bei jedem dumpfen Krachen im Berg in die Augen blicken – wie lange noch?

Oberleutnant Kall, der am nächsten Morgen offen mit den Jägern über die zu befürchtende Sprengung der Col-alto-Anlage vom Lagazuoi redete, konnte den Männern nicht viel Beruhigendes sagen. Sein Plan, den italienischen Sprengstollen abzuquetschen, wenn's einmal soweit wäre, überzeugte nicht. Und wann und wo, mit welchen Mitteln sollte dieser Gegenstollen vorgetrieben werden? Die mutmaßliche Rechnung, daß zwischen den italienischen Sprengschußstellen und der eigenen Kaverne mindestens noch zweihundert Meter Fels liegen müßten – damit konnte man nicht viel anfangen. Es war unmöglich, festzustellen, wann die Sprengung erfolgen würde. »Wennschon – dann lieber gleich«, murrte Staudacher.

Wenn es bisher oft ein gehöriges Rütteln, ein kräftiges Anschreien gebraucht hatte, um einen Schläfer aus seinem Bärenschlummer zu reißen und auf Posten zu schicken, jetzt waren alle sofort wach, wenn mitten in der Nacht die Schüsse aus der Tiefe dröhnten. Es war ein unheimliches Gefühl, als wäre der Boden unter ihren Füßen wankend geworden. Es gab nichts Festes, nichts Sicheres mehr auf diesem verfluchten Berg.

Dann fuhren sie von ihren harten Lagern auf und lauschten und überlegten.

»Saubere G'schicht, das!«

»Kannst nix machen, Kaiserliche Hoheit!«

Und einer, stierwütend: »Nix machen? Nix machen? Einfach stillhalten und warten, bis wir gnadenhalber in die Luft fliegen? Na, mei Liaber, na, sag i dir! Lieber ausbrechen und

los und pfeilgrad runter auf die Walschen und schaun, daß ein End hergeht!«
Dagegen ein anderer: »Laß dir nur Zeit! Oder meinst, wir bleiben einfach da in der Kaverne hocken, bis es denen da drunten gfallt, uns in die Luft zu jagen? Mei Lieber: Soldaten, sag i dir, Soldaten sind seit Galizien rar geworden. Das sag i dir! Wann's soweit is, paß auf, werden wir einfach zurückgenommen. Dös kannst in jedem Heeresbericht lesen. Wenn's wo brennt und schiefgeht, nacha werdn immer die Truppen zurückgenommen. So werdn sie's auch mit uns machen! Und jetzt halt dein Maul und schlaf!«
Aber selbst der, der dies gesagt hatte, schlief doch nur mit halbem Auge und halbem Ohr. Tagsüber saßen sie nachdenklich herum und wälzten sich nachts, immer wieder aus dem Schlaf erwachend, von einer Seite auf die andere. Staudacher hat sich sogar einen Kalender angelegt, aus dem er berechnen wollte, wie lange sie noch zu warten hatten, bis der Col alto in die Luft flog. Aber Staudacher war ein schlechter Prophet, und nichts stimmte, was er auch ausrechnete.
Auch Zugführer Dimai liegt stundenlang ohne Schlaf und starrt mit offenen Augen gegen die graue Felsdecke der Kaverne. Manchmal kommt es ihm vor, als rücke der Fels plötzlich näher, als quelle das Gestein vor und senke sich schwer und pressend auf ihn und seine Kameraden nieder. Welch ein Ende? War das noch Krieg? War das nicht ein sinnloses Warten auf die endliche Vernichtung?
Aber das allein war es nicht, was ihm das Herz so beschwerte. Zuviel hatte er mitgemacht in diesen harten entbehrungsreichen anderthalb Kriegsjahren. Etwas anderes quälte ihn unaufhörlich: Seit dieser Krieg dauerte, wußte er nichts mehr von daheim, nichts Bestimmtes, Gerüchte nur, Gerede, Geschwätz der Überläufer. Er aber wollte end-

lich tatsächlich wissen, wie es den Seinen da unten ging, und wenn jetzt das Ende nach Tagen auszuzählen war, wollte er vorher doch wissen, wie es um Pia stand und um sein Kind, das er noch nie gesehen hatte, von dem er nicht einmal wußte, ob es ein Bub oder ein Mädel war.

Heim – auch wenn es nur für wenige Stunden war, heim – auch wenn tausend Gefahren entgegenstanden.

So saß Dimai auf seinem Lager und versuchte, sich zu einem Entschluß durchzuringen. Noch war es möglich! Die Front ruhig. Der Schnee trug fest und sicher. In wenigen Stunden konnte er daheim sein. Mit Kall sprechen? Unmöglich. Also: heimlich. Das hieß: als Deserteur behandelt zu werden.

Quälende Zweifel.

Da leuchten plötzlich drüben, dort, wo Albert, der Freund und Nachbar, auf der Pritsche liegt, zwei Augen auf, fiebrig glänzend. Dimai weiß: Albert hat ihn beobachtet. Vielleicht quälen ihn die gleichen Gedanken.

»Wieviel Tag noch zur Himmelfahrt, Staudacher?« fragt einer.

Staudacher blickt auf seinen Kalender. »Nimmer lang«, sagt er bitter.

Dimai quält seine Gedanken durch Hirn und Herz, kämpft mit sich selbst, bis ihm der grauende Morgen die letzten Gedanken und Pläne gnädig wegnimmt und er erschöpft in kurzen Schlaf sinkt.

Genau wie der Oberleutnant drüben in seiner Bude. Nur sind es andere Gedanken, die Kall in diesen Nächten verfolgen. Hundertmal hat er sich im Gedächtnis das Telefongespräch wiederholt, das er mit dem Major geführt hat.

Es war ein Wagnis, was er da gesagt hatte, in aller Ruhe und aller gehorsamsten Bescheidenheit. Erst dem Hauptmann Lehner, dann dem Major Proschaska:

»Im Interesse meiner Leute bitte ich gehorsamst, Herr Major, da wir keine Bohrmaschinen besitzen und Gegenmaßnahmen unmöglich sind, die unterminierte Stellung, deren Schicksal sich in zwei, drei Wochen erfüllen muß, vorübergehend räumen zu dürfen. Ich selbst bin bereit, mit Freiwilligen auf dem Col alto zu bleiben, Herr Major! Im Interesse meiner Leute aber . . .«
Ja, er wußte noch jedes Wort. Nicht nur, was er selbst gesprochen hatte, auch die Antwort des Majors, sein schroffes »Unmöglich«. »Die wichtigste Position der ganzen Front räumen? Habe ich Sie recht verstanden, Herr Oberleutnant? Bis zum letzten Augenblick muß der Col alto gehalten werden, nein, nein, Oberleutnant Kall, die Stellung muß gehalten werden um jeden Preis! Wir stellen Verstärkungen bereit, die ganze Artillerie wird mitwirken. Richten Sie ständigen Horchdienst ein. Versuchen Sie, möglichst genau die Absichten des Feindes zu erkunden und den Zeitpunkt der Sprengung zu ermitteln. Davon hängt alles ab. Wenn dieser Zeitpunkt eindeutig bekannt ist, können bestimmte Gegenmaßnahmen getroffen werden. Das ist alles. Jedenfalls: Der Col alto muß unter allen Umständen gehalten werden. Unter allen Umständen, verstanden?«
»Verstanden, Herr Major!«
Die ersten Frühlingsstürme tobten in den Bergen. Auf den Höhenstellungen war freilich davon noch wenig zu spüren, doch im Tale unten begann es da und dort zu grünen. Mit dem Frühling erwachte aber auch die feindliche Artillerie. Auch die Minenwerfer beteiligten sich jetzt heftiger an dem unvermeidlichen Tagewerk des Krieges. Da die tiefe Schneelage große Angriffe noch immer unmöglich machte, lebte der Kleinkrieg wieder auf. Italienische Schützennester, die sich in die Lagazuoiwände emporgeschoben hatten, wurden von oben her mit Rollbomben niedergekämpft.

Es schien, als ob der Col alto dafür bezahlen müßte. War irgendwo eine eigene Unternehmung auch nur halbwegs geglückt, so bekamen es kurz darauf die gesamten Stellungen auf dem Col alto um so heftiger zu spüren. Der ganze Berg stand im Feuer.

Die Feuchtigkeit und Nässe in der Kaverne, der schwere Postendienst in den kalten, windumpfiffenen Gräben, die ständigen Feuerüberfälle machen den Männern schwer zu schaffen. Durch den Mangel an Frischkost sind viele von ihnen krank geworden, aber sie beißen die Zähne aufeinander und schleppen sich mit ihren wehen, rheumatischen Knochen mühsam weiter. Erst wenn es gar nicht mehr ging, meldete der eine oder andere sich krank. Es war ein ganz eigentümlicher Zustand. Obwohl sie den sicheren Tod vor Augen hatten, ja vielleicht gerade deshalb, standen sie eisern zusammen. »Wenn wir schon in die Luft fliegen – dann alle oder keiner«, das war die Parole.

Inzwischen hatten sie das Näherkommen der feindlichen Bohrung genau festgestellt. Ja sie glaubten schon im einzelnen genau das ratternde, ununterbrochene Arbeiten der Bohrmaschinen zu hören. Ihre Erregung war manchmal kaum mehr zu ertragen, machte dann wieder großer Niedergeschlagenheit oder wilder Verzweiflung Platz.

Am 18. April nachts standen Albert, Tschäms und Kofler auf Posten. Staudacher hatte sie aufgeführt. Im Vorfeld war's ruhig. So gingen die Blicke der beiden zum Col di Lana hinüber, dessen Spitze seit zwei Tagen wieder unter einem mörderischen Trommelfeuer lag. Es war ein furchtbares Schauspiel, das man vom Col alto aus in allen Einzelheiten verfolgen konnte, vom Aufblitzen des Abschusses an bis zum Aufschlagen der Granaten.

Plötzlich hörte die Beschießung auf, und nun überfluteten italienische Scheinwerfer die Kuppe: taghell war der Col di

Lana beleuchtet. Totenstill war drüben der hart vom weißlichblauen Licht überflutete Berg, von dem die Granaten den letzten Schnee weggefressen hatten, so daß der pulvergeschwärzte Gipfel wie ein großer Krater aus der Schneelandschaft ragte. Was bedeutete diese plötzliche Ruhe?
Tschäms rief Dimai und die anderen herbei. Alle warteten und blickten gespannt zum Col di Lana hinüber. Da fuhr auf einmal eine Feuersäule mitten aus der Gipfelhöhe zum Himmel auf, als wäre ein Vulkan ausgebrochen und würde Feuer speien, ein dunkler Wirbel von Stein- und Felsmassen und qualmendem Rauch sprang in die Nacht empor. Jetzt schlug ein dumpfer, schwerer Schlag, der die Wucht dieser furchtbaren Explosion erkennen ließ, an das Ohr der Männer, die in den Gräben standen. Jäh erloschen die Scheinwerfer, und jetzt war ein immer toller werdendes Gelärme von Gewehrschüssen, Maschinengewehrfeuer und Handgranatenexplosionen zu vernehmen. Oberleutnant Kall rief das Abschnittskommando an. Keine Neuigkeit; denn seit zwei Tagen hatte man schon gewußt, daß in dieser Nacht die Italiener den Gipfel des Col di Lana in die Luft sprengen würden.
»Du weißt, Kall, was das bedeutet. Ihr auf dem Col alto seid die nächsten. Ich werde dir die Erfahrungen, die man auf dem Col di Lana gemacht hat, weitergeben. Und nun Servus! Schlaf gut!«
»Schlaf gut!«
Gut gemeint!
Bald wußte Kall die wichtigsten Einzelheiten: Einhundertachtzig Mann waren am Col di Lana mit dem Gipfel in die Luft geflogen. Der Rest war in der Reservekaverne verschüttet und gefangengenommen worden.
Kall geht durch die Gräben, um nach den Posten zu schauen. Der Winter ist nun wirklich zu Ende. Die Felsen apern aus.

Der warme Wind frißt Löcher in die Schneedecke. In der Kaverne drinnen ist es still. Dort singt keiner mehr, nicht einmal Tschäms. Sie hören dafür eine andere Musik:
Rrrr – rrr – rrr – tschrrr – tschrrr –
Unaufhörlich, die italienischen Bohrmaschinen.
Immer näher, immer härter:
Rrrr-rrr-rrr-tschrrr-tschrrr-
Einer schreit auf: »Aufhören!«, und fängt zu toben an: »Aufhören!« schlägt mit den Fäusten an den Felsen, als hätte er den Verstand verloren.
Ein Teil der Leute hat sich, um das Bohren nicht mehr hören zu müssen, andere Schlafquartiere gesucht: außerhalb der Kaverne. Alte Unterstände richten sie sich ein und hausen dort, zumindest solange die feindlichen Geschütze schweigen. Brüllen diese wieder auf, bleibt nichts übrig als die Flucht in die Kaverne.
Und dort das ewige, zermürbende, gottverfluchte Rr – rrr – tschrrr – tschrrr.
Regelmäßig, in genau eingehaltenem Turnus, wird gesprengt: exakt alle sechs Stunden. Es ist das Furchtbarste, das sie in diesem harten Bergkrieg erleben. Den Feind ganz nahe spüren und doch nichts dagegen tun können. Einfach warten müssen, bis es denen da unten paßt, den Col alto in die Luft zu jagen.
Der lange dürre Albert, an dem alles nur mehr Haut und Knochen ist, liegt schon seit Stunden wach; auf den Ellbogen gestützt, lauscht er nach unten. Er bohrt den Finger in die Ohren – so still war's noch nie.
Nicht das geringste ist zu hören: das Bohrgeräusch ist verstummt.
Noch einer liegt wach: Dimai. Auch er weiß, daß seit zwei Stunden nicht mehr gebohrt wird. Noch wartet er auf den Schichtwechsel, auf die Sprengzeiten.

Albert weckt den Tschäms: »Tschäms, paß auf! Hörst du was? Ganz still ist's!«
»Sie haben zu bohren aufgehört.«
Albert steigt vom Pritschenlager herab, legt das Ohr an den Felsboden. Nicht der leiseste Laut ist zu hören.
Jetzt sind sie alle munter.
»Ob das wirklich bedeutet, daß das Bohren beendet ist, kann man noch nicht sagen«, meint Dimai. »Es kann ja auch technische Störungen geben. Aber man muß es Kall melden.«
Schon läuft einer hinüber. Und ein paar Augenblicke später ist der Oberleutnant in der Kaverne. Es ist gut, seine ruhige sichere Stimme zu hören.
»Wir müssen Gewißheit haben und herauszubringen versuchen, ob die Italiener tatsächlich mit dem Stollen fertig sind und die Sprengkammer zu laden beginnen. Wenn wir das wissen, können wir uns ungefähr ausrechnen, wann die Sprengung erfolgen kann und können entsprechende Maßnahmen treffen, keine Stunde zu früh, keine Stunde zu spät.«
Eine Weile schweigt Kall. Seine Stimme ist schwer und ernst geworden.
»Es ist eine schwierige, vielleicht unmögliche Aufgabe, jetzt, wo die Italiener uns den Durchlaß völlig gesperrt haben, auf den Turm zu kommen und festzustellen, was am Stolleneingang geschieht. Wer meldet sich freiwillig für diese Patrouille?«
Keinen Augenblick zögert Dimai und tritt vor.
Aber es melden sich auch andere, die diese Patrouille führen wollen.
Kall blickt die Männer schweigend an.
Da sagt Dimai: »Ich war ja schon einmal drüben, Herr Oberleutnant, ich kenne den Turm genau.«

»Gut, Dimai! Wen wollen Sie mitnehmen?«
Dimai überlegt, sekundenlang. Dann: »Niemand. Ich will allein gehen. Einen Mann allein wird man am wenigsten entdecken.«
Der Oberleutnant zögert einen Augenblick. Seine Augen bohren sich forschend in die Augen Dimais. Ahnt er, was jetzt hinter dieser Stirne vorgeht?
»Einverstanden, Dimai«, sagt er kurz, »wie lange werden Sie brauchen?«
Einen Augenblick lang überlegt Dimai. Dann sagt er ruhig: »Zwei Nächte, Herr Oberleutnant, denn bei Tag kann ich mich da unten nicht rühren.«
Kall schweigt und nickt. Dann drückt er Dimai die Hand, sagt kurz:
»Sie wissen, was von Ihrer Meldung abhängt, Dimai!«

13

Der Krieg in den Dolomiten forderte mehr, immer mehr Opfer. In Cortina sind längst alle Lazarette überfüllt. Nun ist auch draußen in Majon der Plonerhof, der dem Hof Dimais benachbart ist, in einen Hilfsplatz verwandelt worden.

Dr. Bertini, der die Station leitete, war Bergsteiger und kannte die Dolomiten genau. Er hatte die Anregung Franchettis, seines Klubfreundes und Berggefährten, sich auf dem Umweg über die schweizerische Zentrale des Roten Kreuzes nach dem Schicksal des Bergführers Florian Dimai zu erkundigen, gern aufgegriffen. Doch leider blieben seine Nachforschungen vergeblich. Es hieß lediglich, von den österreichischen Stellen wäre keine Auskunft zu erlangen.

Pia, von Ungewißheit und Zweifel über das Schicksal ihres Mannes gequält, wußte nicht, wie sie dieses eigentümliche Verhalten deuten sollte. »Wäre Ihr Mann gefallen, Pia«, so hatte ihr Franchetti erklärt, »hätte man bestimmt nach Genf Nachricht gegeben, also nehme ich an, daß Ihr Mann noch lebt.« Nehme ich an – gutgemeinte Worte, die doch nur ihre Sorge, ihre Zweifel vermehrten.

Da geschah etwas Unerwartetes, etwas, was ihr, so hart es war, die Zweifel aus dem Herzen nahm.

Eine stürmische Frühlingsnacht über dem Tale! Der Sturmwind rüttelte an den Fenstern. Doch da ist ein anderes Geräusch. Jemand klopft an die Tür. Pia öffnet.

Eine Frauengestalt huscht rasch herein.
»Kein Licht machen, Pia«, flüstert die Eintretende hastig, »niemand darf wissen, daß ich zu dir gegangen bin.«
Es ist die Plonermutter, die zwei Söhne im Kriege hat. Sie ist schnell gelaufen und etwas außer Atem.
»Pia, mach schnell«, ruft sie erregt, »komm mit!«
»Was ist geschehen?«
»Geschehen ist nichts, nur . . .«, die Alte hält ihren Mund dicht an Pias Ohr, »zwei Verwundete sind in unsere Tenne gebracht worden, Kaiserjäger, da dachte ich . . .«
Die Plonermutter braucht nicht noch mehr zu sagen. Schon wirft Pia das schwarze Tuch um die Schulter und geht mit ihr hinaus in die Nacht.
»Du mußt achtsam sein, Pia. Du weißt, daß es verboten ist, mit österreichischen Gefangenen zu sprechen, bei schwerster Strafe verboten. Die beiden liegen etwas abseits von den anderen. Ich führe dich hin, aber du mußt geschickt sein.«
Als Pia in einem schlechtbeleuchteten Winkel der Tenne, in der man den Verbandsplatz eingerichtet hat, die beiden Verwundeten sieht, erschrickt sie bis ins Herz hinein. Eine große Decke ist den Männern übergebreitet worden. Nur die fahlen, blassen Gesichter sind zu erkennen, hohl die Wangen, die Augen hohl, dem Tode näher als dem Leben.
Pia blickt sich um. Es ist niemand da, der sie beobachtet. Nur weiter drüben bei den italienischen Verwundeten steht eine Krankenschwester aufrecht vor der flackernden Kerze und betet. Pia kniet vor der Bahre nieder.
»Kaiserjäger?« flüstert sie.
Da schlägt der Schwarzbärtige die Augen auf. Eine Weile lang blickt er wie irre der fremden Frau, die da vor ihm kniet, in das Antlitz, dann huscht ein Lächeln über seine bleichen Züge.
»Kaiserjäger!« nickt er. »Einser!«

»Das vierte Regiment, wo ist es?«
Nun richtet sich auch der andere auf, schiebt die Decke zurück und stützt sich auf den Ellbogen.
»Mit den Vierern waren wir in Galizien beisammen.«
Pia nimmt sich ein Herz.
»Kennt ihr einen Dimai, Florian Dimai?«
»Dimai?«
Der Schwarzbärtige runzelt die Stirne, blickt zu dem anderen, dem Jüngeren hinüber.
»Dimai«, wiederholt er nachdenklich, »nein, nie gehört.«
Jetzt hebt der Jüngere die Hand.
»Dimai«, nickt er dem Schwarzbärtigen zu, »doch, den gibt's, den Namen kenn ich.«
Pia stockt der Atem: »Bitte, bitte, was wissen Sie von ihm, er ist mein Mann.«
Der Schwarzbärtige blickt in das Antlitz der fremden Frau. Dann sagt er: »Nein, nein, Frau, den kennen wir nicht.«
Pia spürt deutlich, daß dies nicht die Wahrheit ist, daß ihr dieser Mann, vielleicht um sie zu schonen, etwas verschweigen will.
»Das ist nicht wahr.«
»Doch, Frau, es ist wahr. Wir kennen den Dimai nicht. Wir haben nur . . .«
». . . nur seinen Namen im Regimentsbefehl gehört«, wirft der Jüngere ein, »Dimai, das ist ein Name, den man nicht leicht vergißt, noch dazu, wenn man hört, daß einem, der so heißt, die »Goldene« verliehen worden ist, und . . .«
»Und? Bitte, sprechen Sie doch, bitte . . .«
Pia stockt der Herzschlag.
»Dann – aber das ist nicht sicher«, unterbricht ihn der andere, »soll er gefallen sein. Aber, wie gesagt, das ist nicht sicher . . .«
Die Krankenschwester hat ihr Gebet beendet.

Nun schreitet sie von Bahre zu Bahre durch den Raum, kommt zu Pia.
»Sie müssen gehen, Frau«, flüstert sie Pia zu, »Sie dürfen hier nicht bleiben.«
Doch wie angewurzelt bleibt Pia stehen. In ihr ist alles erstorben. Er ist gefallen, denkt sie, dies eine nur – er ist gefallen.
Sie weiß nicht, wie sie von dem Verbandsplatz fortgekommen ist, nur ein einziger Gedanke beherrscht sie. – Er ist gefallen, er kommt nie mehr wieder, er ist tot, tot. –

Die Minierarbeiten am Col alto sind genau nach dem von Franchetti festgelegten Plan abgeschlossen worden. Noch einmal überprüft der Capitano das geleistete Werk.
Eintausendvierhundertsechzig Meter läuft der Stollen in das geheimnisvolle Innere des Berges. Wo der Stollen endet, weitet sich die kaum mannshohe Öffnung zu einem hallengroßen Raum aus. Diese Sprengkammer liegt genau zwanzig Meter unterhalb der Kuppe des Col alto. Nach gewissenhaft durchgeführten Berechnungen genügt die in dieser Kammer aufgespeicherte und zur Entladung zu bringende Sprengkraft, um die zwanzig Meter starke Decke in die Luft zu jagen, die Kuppe des Berges zu sprengen und den Gipfel in einen weit aufklaffenden Krater zu verwandeln, den die Alpini dann in verwegenem Angriff besetzen werden.
Schon werden die Bohrmaschinen aus dem Stollen getragen. Die Sprengkammer wird an den Wänden dicht vermauert, um die Wirkung der geplanten Explosion zu verstärken.
Vor dieser Kammer steht der Sappeur-Sergeant mit dem Notizbuch in der Hand. Wie ein geübter Lagerverwalter zählt er die ankommenden Kisten, in denen Sprengstoff

verpackt ist. Mit aller Ruhe, als ginge es um das friedlichste Werk, zählt er: 348–349–350. Er wird noch einen Tag lang zählen müssen, bis die siebzig Tonnen Sprengstoff, die Franchetti angefordert hat, eingelagert sind. Man packt den Sprengstoff gar nicht erst aus: Kiste wird auf Kiste gestellt. Alle tragen die Aufschrift: »Attenzione! Esplosivo!« Reihe um Reihe wächst bis zur Decke hinauf. Wenn die Stapel nicht exakt ausgerichtet sind, murrt der Sergeant; denn der Raum ist auf das genaueste berechnet.
Franchetti ist völlig erschöpft. Während der letzten Zeit war er Tag und Nacht nicht zur Ruhe gekommen.
Als Franchetti aus dem Stollen tritt, steht plötzlich Celso, der Pferdewächter, vor ihm, so verstört, daß er unwillkürlich erschrickt.
»Was ist los, Celso?«
»O Capitano . . .«
»So sprich schon, Celso!«
»Die Signora . . .«
»Die Signora Dimai? Was ist los? Du und Mario, ihr seid doch in ihrem Haus geblieben.«
»Gewiß, Capitano, das schon. Aber die Signora ist fort, nein nicht fort, nur eingeschlossen hat sie sich in ihrem Zimmer, vielleicht ist sie krank!«
»Geh sofort zu Doktor Bertini, grüße ihn von mir und sage ihm, er soll einmal nach ihr sehen.«
»No, no, Capitano! Doktor Bertini war schon da. Er hat sie ja in der vergangenen Nacht im Schnee gefunden, ohnmächtig, halb erfroren. Es war höchste Zeit. Er hat sie ins Haus gebracht.«
»Ohnmächtig, sagst du?«
»Ja, wie sie erfahren hat, daß ihr Mann gefallen ist.«
Franchetti zuckt zusammen, faßt Celso so fest am Arm, daß es schmerzt. »Ihr Mann? Florian Dimai?«

Celso beißt die Lippen aufeinander.
»Tot.«
»Dimai tot?« Franchetti kann es nicht fassen. Mit großen Schritten geht er auf und ab, die Arme auf den Rücken verschränkt. Dann bleibt er vor Celso stehen.
»Ist das gewiß?«
»Ja, Herr Hauptmann, es muß gewiß sein; denn die Signora . . .«
»Warte Celso. Ich komme.« –
Dunkle Tage. Pia war dem Tode näher als dem Leben. Sie weinte nicht, klagte nicht. Sie mied jede Berührung mit der Umwelt. Ein Leben ohne den Mann, den sie über alles liebte – sie vermochte es nicht, sich dies auszudenken. Das einzige, was sie noch mit dem Leben verband, war ihr Kind. Nur Mario gelang es mitunter, zu ihr zu kommen. Einmal brachte er Orangen für den Kleinen. Das hilflos gestammelte Deutsch des Burschen lockte Pia heute nicht einmal ein müdes Lächeln ab. Ach, Mario! Was wußte er von ihrem Schmerz!
Am Abend kam Franchetti auf den Hof, von der Stellung herab. »Man sagte mir, Signora, Sie hätten Nachricht über Ihren Mann bekommen?«
»Er ist tot.«
»Woher haben Sie diese Nachricht, Pia?«
Sie schüttelte den Kopf. »Das kann ich nicht sagen.«
Franchetti blickte sie prüfend an. Es war nicht schwer, die verborgenen Zusammenhänge zu ergründen.
»Nein, Pia. Das ist keine Bestätigung. Sie wissen doch, daß der Name Dimai gar nicht so selten ist. Allein hier in Cortina gibt es doch ein ganzes Dutzend Familien dieses Namens, deren Männer eingezogen worden sind und von denen man gleichfalls keine Nachricht hat. Wie leicht sind da Verwechslungen möglich. Ehe Sie nicht eine eindeutige Be-

stätigung über den Tod Ihres Mannes in Händen haben, Pia, dürfen Sie die Hoffnung, ihn wiederzusehen, nicht aufgeben.«
Pia schüttelte müde und traurig den Kopf: »Sie meinen es gut mit mir, Conte. Sie wollen mich trösten. Aber Florian ist tot. Er wird nie wiederkommen, nie wieder.«

In den Bergen tobte ein wütender Schneesturm. Es war genau das Wetter, das sich Dimai für seinen schweren Gang gewünscht hatte. Der beißende Nordweststurm trieb den frisch gefallenen Schnee vor sich her und häufte ihn zu großen Wächten. Zeitweise schoben sich wehende Nebelschleier über die Kämme. Nebel – eine Hilfe des Himmels für Dimai. Den Rucksack umgehängt, den Stutzen quer über dem Rücken, stieg er im Dämmern des Morgens aus dem Graben, nützte geschickt eine Pause zwischen den feindlichen Feuerüberfällen aus, die seit drei Tagen auf der Stellung lagen. Albert und Tschäms begleiteten ihn, um ihm vom Graben aus, soweit es ging, Deckung zu geben. Sie fragten nichts und sprachen nichts. Aber sie ahnten, was er vorhatte.
Dimai kroch behende durch das wirre Gehege des Stacheldrahtes.
Der ziehende Nebel erlaubte es, die freie Hangstrecke in raschen, großen Sprüngen zurückzulegen. Bald war er den Augen der beiden Kameraden entschwunden.
Tschäms würgte lange an einem Wort herum.
»Den sehn wir nimmer«, stieß er endlich hervor.
»Du meinst, die Walschen – sie schießen ihn ab.«
»Das mein i net«, knurrt Tschäms.
Albert starrte ihn an: »Was meinst?«
»Heim geht er, du Steinesel, hinunter nach Cortina.«
»Was?« glotzte ihn der an.

»Was?« fuhr ihm Tschäms entgegen. »Nix was – bloß wir, wir fliegen daweil in die Luft!«
Beim Albert dauerte es manchmal lange, bis etwas richtig ankam.
Jetzt aber hatte er erfaßt, worum es ging. Mit festem Griff packte er Tschäms.
»Sag das net noch einmal . . ., der Dimai nach Cortina, du bist wohl verrückt?«
»I kann ja nix sagen, wenn du mir die Gurgel zudruckst«, lachte Tschäms. Aber es war ein bitteres Lachen.
Damit war dieses Gespräch einstweilen beendet. Aber die Unruhe blieb.
Schon hatte Dimai weit unten die Mulde erreicht. Wo es ging, war er, den Körper leicht vorgebeugt, über den steilen Hang mit der verharschten Schneedecke hinweggeglitten. Das war bei seiner Geschicklichkeit auch ohne Skier möglich. Jetzt trug der Schnee nicht mehr. Mühsam, sich dukkend, stapfte er, bis an die Hüften einsinkend, durch den tiefen, zusammengewehten Pulverschnee auf die schattige Schlucht zu. In der Schneerinne waren von eigenen Kundschaftern wiederholt feindliche Posten beobachtet worden. Auch war die Schlucht an ihrem Auslauf mit Stacheldraht abgeriegelt und vermutlich durch Minen gesichert. Eine Sicherung allerdings, die bei der hohen Schneelage unwirksam war.
Dimai hatte seit langem einen festen Plan. Viele Möglichkeiten waren ihm ja nicht gegeben. An der gesamten Front von Tofana bis zum Sasso di Stria hinüber war dies die einzige Stelle, an der das Gelände den Gegner gezwungen hatte, die geschlossene Frontlinie aufzugeben und in einzelne vorgeschobene Nester und Postenstücke aufzulösen. Nun hatte Dimai den Rand des sperrenden Felsabsturzes erreicht. Auf dem Col alto hinter ihm krepierten, Schlag um

Schlag, schwere Granaten. Der Sturm hatte sich gelegt. Es herrschte leichtes Schneetreiben, günstig für ihn. Vorsichtig arbeitete er sich an den Rand der Schlucht vor und lauschte in die Tiefe, doch er konnte nichts Bestimmtes wahrnehmen. Nur eine frisch getretene, wegartige Spur lief knapp unter ihm durch. Der Schluchtausgang, den er passieren mußte, war besetzt. Wie sollte er durch diese tiefe, steile Rinne hinabkommen, wenn unten feindliche Posten lauerten?

Es war ein verteufeltes Wagnis. Der tiefe Schnee mußte ihm helfen. In der Schlucht hingen Wächten nieder; dort eine ganz große. Dimai hält sich an einem Felszacken fest und tritt sie los. Die Wächte fährt polternd durch die Rinne, den Schnee mitreißend. Als Lawine stürzt sie tief unten durch die schmale Sperre. Dimai sieht, wie die Posten unter der überhängenden Wand Schutz suchen. Diesen Moment nützt er! Er springt in die zu Tal gehenden Schneemassen, die ihn in rasender Fahrt mit sich nehmen. Bald spürt er festen Schnee unter den Füßen, dann wieder reißt es ihn vom festen Grund, stößt ihn fort, wirft ihn tiefer, er überschlägt sich, glaubt ins Bodenlose zu fallen und steht plötzlich wieder auf den Füßen. Mit ausgebreiteten Armen schlägt er um sich, rudert mit allen vieren, um auf der Oberfläche der niedergehenden Lawine zu bleiben, bleibt irgendwo hängen, vergeblich zerrt er daran, es hemmt einen Augenblick lang seine tolle Fahrt, bis ihn plötzlich die Wucht der nachstürzenden Schneemassen aus dem Hindernis reißt. Vorbei fliegen die Felsen, auf denen die Posten standen – jetzt öffnet sich die Schlucht. Damit hat er gerechnet. Er wußte, daß diese Steilrinne nicht in einem Abgrund endet – das wäre sein sicherer Tod gewesen! –, sondern in ein weites Schuttkar ausläuft.

Noch eine letzte, verzweifelte Kraftanstrengung, um aus

den nachstiebenden, sich gefährlich stauenden Schneemassen herauszukommen. Es gelingt: unter einem Felsblock, der dunkel aus der weißen Halde ragt, liegt er, schweißnaß, keuchend, atemlos.
Er streckt die Beine, tastet sie, prüft sie. Nur der Stacheldraht hat ihm das Schienbein aufgerissen, eine schmerzende Fleischwunde, die aber nur leicht blutet.
Und weiter!
Wieder nimmt ihm der Nebel die Sicht. Plötzlich sieht er Skispuren vor sich. Führen sie zu dem kleinen Zeltlager, das vom Nachbarabschnitt seinerzeit festgestellt worden ist? Zunächst heißt es die Zeit nützen! Hoffentlich lichtet sich der Nebel!
Dimai quert um den Turm herum. Wieder neue Spuren! Wahrscheinlich ist auch der Sattel besetzt. Wie er endlich knapp unter den dunkel aus dem Schnee aufsteigenden Felswänden des Turmes steht, lichtet sich der Nebel. Erschrocken sieht er, wie nahe er an den Postenständen vorbeigekommen ist, ein Stück weiter rechts, und er wäre mitten in das feindliche Maschinengewehrnest hineingelaufen. Den Stutzen läßt er zurück, klettert hoch, krallt sich an die schmalen Vorsprünge und Felsleisten. Schon hat er die senkrechte Kante des Felsens erreicht.
Dort unten liegt Cortina, Dach bei Dach, und drüben, zum Greifen nahe: Der Stolleneingang. Kein Zweifel, die Unterminierung des Col alto ist beendet.
Deutlich erkennt er helle Kisten mit Sprengstoff, die vor der Stollenmündung aufgestapelt liegen. Wie groß mag wohl die Zahl der Kisten sein, die man schon in den Berg hineingeschleppt hat? Er versucht es abzuschätzen, etwa zwanzig in einer Reihe und gut vierzig Reihen übereinander. Das ergäbe achthundert Kisten. Er überlegt: Bis diese achthundert Kisten durch den engen Stollen in die Sprengkammer ge-

bracht werden – das braucht Zeit. Jetzt sieht er eben, wie das vor sich geht. Ein Mann – eine Kiste. Schon verschwindet der Alpini im Stollen, vielleicht werden die Kisten von Hand zu Hand durchgegeben. Er überlegt, frühestens wird der Transport des Sprengmaterials in dieser Nacht beendet sein. Dann muß die Ladung abgedichtet, die Zündleitung gelegt, das Stollenende vermauert werden. Er schätzt: drei, vier, vielleicht fünf Tage, bis alles zur Sprengung bereit ist. Eine knappe Galgenfrist für die Kameraden auf dem Col alto, für ihn eine lange Zeit; denn nur während der Nacht kann er sich in die eigene Stellung zurückschleichen. Der Tag im Dorf unten aber gehört ihm. Und so ein Tag ist lang. Wenn er Glück hat, kann er in vier Stunden bei seinem Haus sein – und Pia Grüß Gott sagen.
Er *muß* Pia sehen. Wer könnte ihm das verargen? Das ist keine Fahnenflucht. Er bleibt der, der er ist: Zugführer Florian Dimai vom vierten Regiment der Tiroler Kaiserjäger.
Übrigens: Wie merkwürdig ihn Oberleutnant Kall angeschaut hat, nicht anders, als hätte er seine geheimsten Gedanken erraten.
Und daß er ihn ganz gegen die Regel allein auf Patrouille geschickt hat, war das nicht wie eine Ermutigung?
Vorsichtig wendet er den Kopf herum. Dort unten liegt sein Heimatdorf, still, als wäre tiefster Friede. Dort das Haus von Tino Colli, drüben die Häuser von Tschäms, Albert, Staudacher . . .
Die Angehörigen seiner Kameraden sollen wissen, wie nahe die Männer ihrer Heimat sind, gerade jetzt, da ihnen der schwerste Kampf bevorsteht. Wie werden sie sich über diese Nachricht freuen, Tinos Frau – ob sie noch immer so dick und schwerfällig ist? Pia wird die Freude des Wiedersehens mit anderen Frauen teilen, die zwar kein Wiedersehen erle-

ben, aber doch Nachricht über ihre Männer erhalten werden.
»So nahe der Heimat und doch nicht daheim« – so hat Venizi damals gesagt, genau an dieser Stelle. Der einsame Tote bestärkt ihn in seinem Entschluß. Er will die Heimat nicht verlieren wie der stumme Freund dort unter den Steinen, der fallen mußte, nachdem er gerade einen Blick auf sein Dorf getan hatte.
Freilich, Glück muß er haben, um schon beim ersten Wagnis unbemerkt vom Turm fortzukommen. Er hat kein Seil bei sich, an dem er rasch und sicher hinabgleiten könnte. Vorsichtig muß er sich Griff um Griff, Tritt um Tritt tieferkämpfen, immer in Gefahr, entdeckt zu werden.
Bald steht er wieder auf dem Band, wo er seinen Stutzen zurückgelassen hat. Die Uniform, die Kappe – unmöglich, sich als Kaiserjäger, als österreichischer Soldat, nach Cortina durchzuschlagen. Als Überläufer würde man ihn fassen oder gar als Spion am nächsten Baum hängen. Sollen sie ihn hängen! Zum Teufel! Erst müßten sie ihn haben! Er kennt alle Schleichwege, und warum soll das Glück nicht mit ihm sein? Aber er braucht eine italienische Pelerine, einen Alpinihut, auch Skier, denn es liegt noch viel Schnee da unten. Und wieder ist das Glück auf seiner Seite.

»Gottlob, der letzte Tag«, sagt der Sergente zu dem neben ihm hockenden Alpini und wirft die leere Konservendose aus dem Zelt.
»Wo bleibt nur die verdammte Ablösung? Denen pressiert es natürlich nicht!«
»Die Ablösung!« – Über das Schneefeld herauf klappern ihre Bretter. Von weit her hört man sie. Jetzt tauchen sie zwischen den Zirben auf.
Bald steckt ein Wald von Skihölzern und Stöcken zwischen

den Spitzzelten. Noch sind die »Alten« nicht fort, und von den »Neuen« fehlen die Nachzügler. Die »Alten« packen zusammen und »ziehen aus« und die anderen »ziehen ein«, die haben zu fragen und die zu erzählen, und so hocken sie in Gruppen in den Zelten, trinken Wein, schwatzen von Weibern, von Vorgesetzten, vom Urlaub und vom Krieg.
»Haut ab, seid froh, daß ihr weiterkommt!« meint der neue Sergente.
»Andiamo!« sagt der Alte.
»Poca miseria! Wer hat meine Ski? Meine Ski sind weg! Ich hab' sie in den Schnee gesteckt, hier neben den Rucksack!«
Der Sergente brüllt: »Hier kommen keine Skier weg!«
Und dann: »Antreten! Jeder mit seinen Skiern!«
Nicht bloß die Ski, auch der Alpinihut fehlt dem Burschen.
»Was fällt dir ein, so anzutreten?«
»Mit Respekt zu melden: mein Hut ist weg!«
»Seid ihr verrückt geworden? In fünf Minuten ist alles zur Stelle, maldetto!«
Die verschwundenen Sachen waren aber auch in fünf Minuten nicht gefunden. Trotz Suchen und Fluchen nicht. Und als der Sergente die »Alten« und die »Neuen« nochmal mit Sack und Pack antreten lassen wollte – da entdeckte er, daß ihm selber seine Pelerine fehlt.
»Madonna, hier spukt's!« resigniert der Sergente.
Ski, Hut, Pelerine, die vor dem Zelt lagen, spurlos verschwunden – weiß der Teufel, was dahintersteckte. Ist einer durchgebrannt? Nein, es sind alle da. Porca guerra.
Für die Alpinikompanie oberhalb des Falzarego-Passes blieb jenes Rätsel ungelöst.
Besser hätte Florian Dimai der Zufall nicht zu Hilfe kommen können! Hoch oben hinter den Blöcken sind seine Stutzen und die Kappe sicher.
Über Pocol liegt noch viel Schnee. Besser schlechte Bretter

als keine, denkt er und taucht mit einem Schwung im Wald unter. Er hält sich oberhalb der Straße, über die der Verkehr bergauf und talab geht. Hier im Wald begegnet ihm keine Seele. Mächtig greift er aus. Die Hütten von Romerlo läßt er knapp über sich – erstaunt kreuzt er schon die zweite Straße, die vor einem Jahr noch nicht vorhanden war und nun in breiter, vielbefahrener Trasse hinauf gegen die Tofana zieht. Dann wendet er sich talwärts und schwingt zwischen den schütteren Lärchen durch. Die knielange Pelerine flattert um ihn. Wenn ihn jetzt die Kameraden sehen könnten – oder gar sein Oberleutnant!

Schluß mit der Fahrt! An der Lärche am Wiesenrand lehnen die »geliehenen« Alpinibretter.

Dann läuft er über die apernden Wiesen ins Tal hinunter. Dort drüben ist Tino Collis Haus. Florian reißt eine Seite aus seinem Notizbuch und kritzelt ein paar Worte drauf: »Für Cilia Colli. Dein Tino ist gesund, hat ein bissel Rheuma und laßt dich grüßen. Hab keine Sorge um ihn. Dies schreibt ein treuer Freund.«

Dimai schiebt den Zettel unter das Stubenfenster. Tinos Frau wird ihn schon finden!

Nun muß er auf die Straße hinunter. Die Boitebrücke läßt sich nicht umgehen. Es ist schon dunkel, die Brücke ist nicht beleuchtet. Ein Wachtposten steht dort, Dimai wirft den Pelerinenzipfel über die linke Schulter, rückt den Hut mit der Feder schief und schlendert gleichgültig an dem Posten vorbei.

»Buona sera!«

»Buona sera«, antwortet der Posten.

Und schon ist Dimai mitten im Dorf.

Der schmale Mond steht zwischen Wolken.

Wie verzaubert geht er durch den Ort. Dieses Haus da, die Gasse, und dort hinter dem Fenster ein bekanntes Gesicht, der Bartscherer, jetzt die Kirche, dort die lange Bank der Bergführer, leer, versteht sich, das Weinstübl . . . Er muß vorsichtig sein, darf keinen der italienischen Offiziere übersehen und muß rechtzeitig grüßen, auf italienische Art. An der Ecke der Kirchgasse, wo immer der gelbe Stellwagen stand, stößt er beinahe mit einem Tenente zusammen. So stramm hat er noch nie salutiert. Nicht der leiseste Schimmer eines Verdachtes! Wenn der Tenente wüßte, wer unter dieser Pelerine steckt. Jetzt biegt Dimai in den Weg ein, der nach Majon führt.

Ein Wirrwarr widerstrebender Gefühle jagt durch sein Herz. Es bedrückt ihn, daß er bei Nacht und Nebel angeschlichen kommen muß wie ein Dieb und doch – er kommt heim.

Dort auf dem Lärchenhügel steht sein Haus, unverändert, als wäre mittlerweile nichts in der Welt geschehen. Aus dem Fenster fällt Licht auf den schmalen Weg.

Er hört Männerstimmen, schleicht vorsichtig um das Haus, meidet den Lichtkegel, der aus der Stube bricht, und kommt zum Küchenfenster. Auch in der Küche ist Licht.

Bei Gott, da steht Pia! Sie ist es wirklich.

Das Herz stockt ihm im Überschwang der Gefühle.

Wie sie dasteht, das warme Licht der Lampe auf ihrem wohlvertrauten Antlitz. Ach, wie liebt er diese fraulich schönen Züge. Ach, Pia, Pia!

Er sieht, wie sie die Lippen bewegt.

Mit wem spricht sie?

Er kann niemanden sehen.

Hinter der Stubentür, die ein weißes Schild trägt, das Florian im Dunkeln nicht lesen kann, hört er Geräusche. Auf den Zehenspitzen schleicht er vorbei. Im nächsten Augenblick wird er vor Pia stehen. Sein Herz zittert. Da ist die Küchentür! Jetzt hört er Pias Stimme und eine Männerstimme, die antwortet und lacht. Nur ein Wort kann er verstehen: »Florian«. Ganz deutlich. Wie vertraut klingt diese Stimme. Wer kann das sein?

Eine Telefonklingel schrillt. Nervös zuckt Dimai zusammen.

Vorn in der Stube hört er Italiener parlieren. Da öffnet sich die Tür, ein Lichtviereck zerschneidet hell den finsteren Gang, und ein Mann kommt direkt auf ihn zu. Er kann sich gerade noch samt Rucksack in den Winkel zwischen Küche und Stiege drücken.

»Signor Capitano!« ruft die Ordonnanz.

Schon geht Conte Franchetti mit großen Schritten an Florian vorbei durch den Flur in die Stube.

Fast hätte er Dimai gestreift.

Dimai hört den Capitano am Telefon sprechen, hört, wie er Anordnungen gibt und wie eine Schreibmaschine zu klappern beginnt.

Nein, das ist kein Irrtum: das war Graf Franchetti, sein Freund, nun sein Feind. Ein kalter und zugleich freudiger Schreck durchzieht sein Herz. Doch für Gefühle ist jetzt keine Zeit, er muß den Augenblick nützen. Leise tritt er durch die Küchentür, die er behutsam hinter sich schließt.

Pia dreht den Kopf herüber.

Da reißt der Alpinisoldat den Hut herunter: »Pia!«

Sie faßt das nicht.

Begreift das nicht.

Angstvoll blicken Pias dunkle Augen, ihr fragender Mund ist zu einem Aufschrei geöffnet.

Ihre Fassungslosigkeit erschreckt Florian. »Ich bin's, Pia.« Er lacht sie an: »Pia!«, da löst sich der Bann.

Von der unbegreiflichen Wahrheit überwältigt, sinkt sie auf den Stuhl nieder. Und langsam, zaghaft noch, streckt sie Florian ihre Hände entgegen!

Pia muß es sagen: »Ich dachte, du ...«
»Denk nichts, Pia, denk nichts!«
»Bleibst du jetzt bei uns?« Ihre Blicke, nah seinem Gesicht, bitten. »Ich lass' dich nicht mehr fort, nie mehr.«
Schritte auf dem Gang! Florian fährt auf, stülpt den Alpinihut auf den Kopf. Aber aus der Tür kommt er nicht mehr; er kann einen Armvoll Holz gerade noch unter dem Herd hervorreißen, die Arme damit beladen und drei Schritte in das Halbdunkel hinter den Herd tun. So steht er da, als Franchetti unter der Tür zum Abschied erscheint: »Frau Pia, ich muß wieder hinauf in die Stellung – aber ich hoffe, bald wieder hierzusein.« Und mit lächelndem Drohen hebt er den Finger: »Nicht mehr traurig sein! Kopf hoch! Einmal wird auch dieser Krieg zu Ende sein!«
Er ist wohl kein Menschenkenner, sonst hätte ihm Pias Verhalten verraten müssen, daß etwas ganz Besonderes vorgefallen sein mußte.
Florian aber steht, mit gebeugtem Gesicht hinter dem Herd, in der Küchennische. Celso wartet unter der Tür auf seinen Capitano.
Pia hat den Grafen bis an die Tür begleitet. Grüßend verläßt er das Haus. Celso aber muß ihr noch eine kleine Mitteilung machen. Voll Wichtigkeit kommt er, auf den Zehen wippend, noch einmal zurück:
»Signora Pia, Mittwoch früh, fünf Uhr, Col alto bum – bum! Alles kaputt!« Und mit erhobenen Armen wiederholt er: »O Dio – o – oh – alles kaputt!« Dann winkt er freundlich zum Abschied, macht kehrt und schlüpft, seinem Capitano nach, aus der Haustür.
Dimai wären beinahe die Scheite vom Arm gefallen. – Übermorgen früh, fünf Uhr! – er hat es genau gehört. Welch eine Fügung, ein Zeichen des Himmels wahrhaftig! Übermorgen fünf Uhr!

Also hat er sich doch verrechnet. Die Sprengung wird früher erfolgen, als er dachte.
Diese Nacht noch, ein Tag und wieder eine Nacht.
Pia kommt in die Küche zurück.
»Gottlob, daß sie fort sind! Oh, wie froh bin ich! Woher hast du die italienische Uniform? Wo liegst du in Stellung? Wie ist es dir immer ergangen?« sprudelt sie überglücklich heraus, und sie begreift nicht – als sie sich einen Augenblick unterbricht – die plötzliche Veränderung ihres Mannes.
»Florian? Was hast du denn, setz dich doch!«
»Pia – ich muß – sofort zurück!«
Narrt sie ein Traum?
»Nein, nein – du darfst nicht fort – du mußt hierbleiben – ich lasse dich nicht! Du hast es versprochen, du mußt doch den Kleinen sehen!«
»Ich muß zurück. Das ist jetzt wichtiger als alles!«
»Florian! Du darfst das nicht tun. Ich überleb' das nicht! Denk an das Kind! Einen Tag nur«, fleht sie ihn bittend an, »einen Tag nur bleibe!«
»Pia, es ist unmöglich! Wenn ich zu spät komme, habe ich meine Kameraden auf dem Gewissen!«
»Und deine Frau, dein Kind? Florian, ich lasse dich nicht weg!« klagt sie weinend.
»Wir haben uns gesehen, das ist ein großes Glück! Ich weiß, euch geht es gut, und du weißt es von mir. Ich komme vielleicht wieder, aber jetzt muß ich zurück, hinauf in die Stellung.«
»Nein! Nein!« Pia schreit es, läuft die Treppe hinauf, schreit und schreit: »Nein! Nein! Mutter! Florian!«
»Cosa è?« fragt draußen eine Stimme. Jetzt hat sie die Ordonnanzen alarmiert!
Das Fenster auf! Einen Satz, einen Sprung! Dimai ist fort.
Mit dem verschlafenen Kind im Arm steht Pia am offenen

Fenster. Die Mutter kommt zitternd die Treppe herunter. Daß sie zur Haustür eilen und in das Dunkel hineinrufen, bringt Dimai nicht zurück.
Einen Augenblick lang war er hinter der Lärche stehengeblieben und hatte zu seinen Lieben unter der Tür geblickt.
»Florian! Florian!«
Der Ruf hält ihn noch einmal fest.
Von fern her gewittert es über den Bergen. Die Geschütze donnern.
Col alto!
Eine harte Hand wischt sich über tränennasse Augen. Dimai weint. Niemand sieht es. Er droht niederzubrechen – doch weiter, die Kameraden warten!
Er hetzt über die Schneehänge, dem Wald zu. Hinter ihm versinken die Lichter von Majon.
Vor dem Rucksack mit einigen Konservendosen, den Florian zurückgelassen hat, sitzen die beiden Frauen. Sie begreifen nicht, was sich in den vergangenen Augenblicken zutrug. Die Mutter, die Florian nicht einmal zu sehen bekam, muß Pia zur Vernunft bringen: »Pia, sei ruhig, er war ja wirklich da, nein, es war kein Traum! Er kommt wieder, Pia! Er kommt doch wieder!«
»Und ich weiß nicht einmal«, schluchzt Pia, »wo er ist, wo ich hindenken soll, wenn ich mit meinen Gedanken bei ihm sein will!« »Vielleicht ist es gut, daß wir es nicht wissen. Hast du das nicht selber oft genug gesagt? Freu dich, daß er lebt!«
»O Mutter!« Der Schmerz, in Tränen sich lösend, schüttelt Pia.

Schweres Feuer liegt über dem Col alto.
»Der Dimai ist dahin!« philosophiert Albert oben in der Kaverne. »Den sehen wir nicht wieder. Entweder, weil er nicht

mehr kommt oder weil wir nicht mehr dasein werden, wenn er zurückkommt.«
Tschäms verzieht bloß das Gesicht.
»Dieses Trommeln hält ja kein Mensch aus!« schreit Albert plötzlich und schmettert sein leergetrunkenes Blechgeschirr an die Kavernenwand, daß die Dösenden erschrocken von den Bänken und Lagern auffahren. »Keine Sau hält das aus, sag ich euch!«
»Den hat's!« – Schimpft Tschäms: »So viele Berg' gibt's, himmelsakra; grad auf dem müssen wir sitzen!«
Staudacher hat noch den Kopf oben.
»Albert, sei gscheit! Mach keine Geschichten!«
»Recht hast du, ich mach' auch keine. Aber was zum Saufen möcht' ich und das Bajonett her, daß ich losgehen kann, wenn es soweit ist. Zu jedem Sturm könnts mich haben, aber nicht zum langsamen Verrecken, sag' ich euch!«
Und Staudacher:
»Geh, jetzt scham dich aber! Was bist denn du für ein Mannsbild. Du wirst es noch genauso erwarten können wie wir alle. Von mir aus kannst du schon jetzt das Bajonett aufnehmen. Das letzte Wort auf dem Col alto ist noch nicht gesprochen.«
»Amen«, sagt Tschäms.
Unaufhörlich dröhnen die Geschütze. Oberleutnant Kall tobt, weil er keine Verbindung mit dem Bataillon bekommt.
Endlich! »Hauptmann Lehner? Schwerstes Trommelfeuer seit fünf Stunden. Ich fürchte, wir werden uns nicht mehr verständigen können. Bei diesem Feuer ist die Leitung über kurz oder lang bestimmt zerstört. Ja, die Kaverne ist belegt, die kleine an der Südkuppe auch. In den Gräben kann niemand bleiben. Das gäbe nur sinnlose Verluste. Der Patrouilleur Florian Dimai ist noch nicht zurück. Zeitpunkt

der Sprengung noch immer fraglich. Vielleicht morgen, vielleicht in einer Stunde, vielleicht erst in drei Tagen. Zwei Kompanien in Reserve. Gut. Zwar etwas wenig, aber besser als nichts. Wann sind sie wegmarschiert? Du, Lehner, noch etwas Privates: Ich hab' dir mit dem letzten Verwundetentransport ein Päckchen hinuntergeschickt; wenn mir etwas zustoßen sollte, schick es an die beigelegte Adresse! Ich dank dir. Ende.«

Oberleutnant Kall hat sich längst einen Plan für die Verteidigung zurechtgelegt, ohne zu fragen, ob dieser Plan den höheren Kommandostellen paßt oder nicht. Schließlich ist er es, Oberleutnant Kall, der seinen Kopf dabei riskieren muß. Er möchte die Kuppe und die Kaverne des Col alto knapp vor der Sprengung räumen, um zu retten, was zu retten ist. Er muß über Reserven verfügen, die sogleich einsatzbereit sind, wenn die Italiener den Gipfel in die Luft jagen und den Col alto in ein Kraterfeld verwandeln. Er hat auf dem weiter zurückliegenden Felsgrat eine Rückhaltstellung ausbauen lassen, die durch die Sprengung nicht unmittelbar gefährdet ist. Von dort aus wird er, sobald die Explosion erfolgt ist, das Trichterfeld stürmen. Doch das Gelingen dieses Planes hängt davon ab, daß er den genauen Zeitpunkt der Sprengung ermitteln kann. Leider macht dieses gottverfluchte Trommelfeuer jede Beobachtung unmöglich. Bleibt noch eine einzige Hoffnung: Dimai. Kall hat ihn mit seinem Fernglas beobachtet. Zwei Stunden lang lag Dimai auf dem Gipfel des Turmes. Gewiß hat er die Vorgänge am Stolleneingang genau verfolgt. Dann hat Kall gesehen, wie Dimai vom Turm herabgeklettert ist. Das war vorgestern, genau gerechnet vor dreißig Stunden. Seither hat niemand mehr Dimai gesehen. Es fehlt jede Spur von ihm. Ist er entdeckt, abgeschossen, verwundet, gefangen worden? Fragen, auf die es keine Antwort gibt. Doch mit je-

der Stunde, die verrinnt, wird die Hoffnung, daß Dimai zurückkehrt, geringer.
Noch zögert Kall, seinen Plan durchzuführen. Keine Minute zu früh, aber auch keine Minute zu spät, darauf kommt es an.
Und dieses fürchterliche Dauerfeuer. Ein Glück, daß Kall eben in der Südkaverne war, als ein Volltreffer seine an der Felswand verankerte »Bude« in die Tiefe gerissen hat. Die steil einfallenden schweren Granaten halten jeden Weg, jeden Graben, jeden Zugang unter Feuer. An der früheren Munitionskaverne, die nun als Befehlsstelle und Verbandsraum benützt wird, ist die Eingangstür zerfetzt worden. Die große Kaverne, die genau über der Sprengstelle liegt, ist überfüllt.
»Über uns, unter uns, neben uns – der Teufel soll es holen!« flucht einer gotteslästerlich. »Verdammte Himmelfahrt!«
»Und anderswo liegen sie jetzt in den warmen Betten und schlafen oder fressen und saufen«, wirft Albert dazwischen.
Einer hat einen halben Laib harten Brotes zwischen den Händen und säbelt mit dem Bajonett daran herum. Er will noch alles, was er an Proviant hat, aufessen. »Kein Stück davon lass' ich den Italienern!« meint er, als ob noch etwas davon übrigbleiben würde, wenn der Col alto in die Luft fliegt.
»Warten, warten!« flucht ein anderer. »Wenn es nur schon losgehen tät! Lieber mit der bloßen Faust dreinschlagen, als dieses vermaledeite Warten! Da wirst kaputt, noch ehe dich die Alpini kaputtmachen.«
»Warten . . .« Tschäms hat noch immer ein paar Trümpfe im Spiel. »Warten ist allweil no besser als Hinsein.«
Aber niemand lacht über seine Scherze. Die Stimmung ist gequält, gereizt, es ist, als würden sie im nächsten Augen-

blick am liebsten selbst ihren Gipfel sprengen, sie, die auf Gedeih und Verderb miteinander verbunden sind. Dann fällt wieder lange Zeit kein Wort. Aus den Pfeifen paffen sie. Einer dreht mit Hingabe an seinen Mantelknöpfen, bis er zwei abgespielt hat. Hinten in der Ecke setzt einer den Stahlhelm auf, probiert eine Weile lang daran herum, ein anderer schnitzelt in der prickelnden Nervosität die Anfangsbuchstaben seines Namens in einen Stützbalken. Die schwarze Kavernenkatze stellt den Buckel auf, streckt sich und gähnt vor Langeweile. »Katzerl, was geht dich der Krieg an?« fragt Tschäms und streichelt dem Tier das seidigweiche Fell; »nix geht dich der Krieg an, der verfluchte. So komm!« Er hebt das Katzerl auf und nimmt es schützend in seinen Arm. –

Rauch und Nebel ziehen über die Schutthalden am Fuße der Tofana. Keuchend arbeitet sich Dimai den steilen Hang empor. Er zählt die Stunden, die noch vor ihm liegen. Drei Stunden bis Mitternacht, fünf bis zum Zeitpunkt der Sprengung, das sind acht Stunden. Und der Weg ist weit und voller Gefahren. Doch jetzt, da er Pia gesehen hat, ist er wieder der alte geworden, hart und zäh. Ja er wird es schaffen, er muß es schaffen.

Nur er weiß den Termin der Sprengung, er allein. Er muß dem Oberleutnant Meldung machen und Kall – ja Oberleutnant Kall wird rechtzeitig seine Maßnahmen treffen können.

Der Mond, der voll über der Croda da Lago steht, erleichtert es ihm, sich zu orientieren. Wege sind da, die ihm noch unbekannt sind, in Eile angelegte Kriegswege, die kreuz und quer durch das Gelände führen. Der Nebel verzieht sich langsam. Ein gefährliches Terrain, jeden Augenblick kann er mit Italienern zusammenstoßen. Alpinihut und Pelerine

– wer weiß, ob diese Tarnung genügt; denn unter der Pelerine steckt unleugbar ein Tiroler Kaiserjäger.
Sein Ziel ist die steile Geröllgasse, die parallel zu jener Schlucht läuft, durch die er mit der Wächte herabgesaust ist. Da blitzt ein Scheinwerfer auf. Wie zu Stein erstarrt bleibt Dimai stehen. Doch im grellen Schein des Lichtkegels sieht er die Steilrinne vor sich. Es kommt darauf an, den Einstieg zu einem der horizontal streichenden Felsbänder zu finden, die quer durch die Wand der Schlucht laufen. Damit ließe sich der Steilabfall, in dem die Schuttrinne endet, überwinden und ein Zugang zur Rinne finden. Wieder hilft der Scheinwerfer. Der Einstieg ist gefunden. Gewandt klettert er über die Schrofen zum Felsband hinauf. In ihm erwacht ein eiserner Wille. »Ich muß durchkommen, von mir hängt es ab, daß Kall den Termin der Sprengung rechtzeitig erfährt, ich muß durch . . .«
Vorsichtig hastet er über das Felsband weiter, das breit ist wie ein Weg.
Dunkel wachsen die Schluchtwände vor ihm auf. Von rechts herüber trägt der Wind den beißenden Rauch eines Schwarmofens. Das bedeutet, daß er jetzt den Stellungen ganz nahe ist. Gespannt lauscht er in die Stille zwischen den Schußpausen hinein. Nichts! Alles um ihn bleibt still. Genau hat er sich zurechtgelegt, was er tun würde, wenn er unerwartet mit einem Alpini zusammenstoßen würde: »Ciao!« und »sigaretta?« um eine Zigarette bitten. Und wenn es schiefgeht – das Bajonett hat er für alle Fälle griffbereit gelockert. Aber – lieber eine Zigarette als das Bajonett. Halt! Da lehnt eine Bretterbude am Felsen! Ein Alpini steht davor. Die anderen schlafen wohl.
Mit verhaltenem Atem duckt sich Dimai an die Felswand.
Der Alpini schlägt sich die Arme um den Leib. Er friert, wie alle Posten frieren, hüben und drüben.

Noch zögert Dimai.
Da tritt der Alpini in die Hütte zurück.
Besser so. Gewandt huscht Dimai an der Hütte vorüber.
Das Felsband ist zu Ende. Er hat die Steilrinne erreicht, kriecht durch das Drahtverhau und hetzt über die verschneite Halde empor. Dort oben ist der Turm. Jetzt ist er zwischen den eigenen und feindlichen Linien. Der Mond steht groß am Himmel und leuchtet das Kar taghell aus. Da braucht es keine scharfen Augen, um ihn und seine Spur zu entdecken.
Er wirft Alpinihut und Pelerine fort, klettert steil in der Falllinie des Hanges aufwärts. Im Felsschatten kriecht er auf allen vieren weiter. Der tiefe Schnee hemmt und schützt ihn zugleich. Immer näher kommt er den eigenen Stellungen. Hart über ihm der Col alto, über dem noch immer schweres Granatfeuer liegt.
Er blickt auf die Uhr. Knapp fünf Stunden noch bis zur Sprengung.
Jetzt ist die Steilrinne da, die zu den eigenen Postenständen führt. Als er schon die Hälfte des Hanges bezwungen hat, flammen plötzlich drüben auf der Alpinibastion, die dem Col alto gegenüberliegt, rote Flammenstrahlen auf.
Sahen die Kerle da drüben seine dunkle Silhouette an der Felskante?
Verflucht!
Sie haben ihn scharf im Visier! Ganz nahe gellt es im Fels. Er drückt sich in die Schatten einer flachen Rippe, doch unentwegt fegen die Garben herüber.
Aber es geht nicht an, daß er hier liegenbleibt und wartet. Er muß seine Meldung machen. Die Minuten verrinnen.
Gott sei Dank. Das Maschinengewehr der Alpinibastion schweigt. Die da drüben glauben wohl, ihn erledigt zu haben. Er beißt die Zähne zusammen und krallt sich am Felsen

fest. Hält sich in harter Kletterei im Schatten, wo er nur kann, und gewinnt Meter um Meter.
Er sinkt nieder. Schweiß bedeckt seinen Körper. Keuchend geht sein Atem. Die zerschundenen Hände bluten.
Er hebt den Kopf, sieht die Kuppe des Col alto vor sich. Drohende Wolken wachsen dort gegen den Himmel, von Flammen durchzuckt. Düstere Gasschwaden treiben über die Hänge. Ein Inferno, wahrhaftig. Und doch ist das Ärgste noch nicht geschehen. Die Mine, die unter dem Berg lauert. Um fünf Uhr früh, das bedeutet: in knapp drei Stunden wird die Sprengladung gezündet werden.
Weiter, weiter! Ein Felsband ist da. Auf diesem Band kann er bis zur äußersten Feldwache der Col-alto-Stellung gelangen.
Er ruft, schreit. Doch seine Stimme geht im Getöse unter. Das Ziel vor Augen, mit wildem Mut, springt er über das Band, rennt in das Trommelfeuer, das auf der Kuppe liegt.
Heulendes Dröhnen ist um ihn. Wie ein Schatten läuft er im Rauch dahin. Immer näher, näher.
Da – klack, klack, knallt es ins Gestein, spritzt vom schottrigen Felsband hoch.
»Eigener Mann! Ich bin's, Dimai!« schreit er, brüllt er. »Nicht schießen, eigener Mann!«
Doch wer könnte in diesem Inferno eines Menschen Stimme unterscheiden? –

Franchetti hat die letzten Dispositionen ausgegeben. Die Sprengkammer ist zugemauert, mit Sandsäcken abgedichtet. Alles ist bereit. Der letzte Mann kehrt eben aus dem Stollen zurück. Es ist drei Uhr morgens. Auf die Minute genau läuft das Programm ab.
Die Sturmtruppen steigen bergan. Mattes Mondlicht fällt auf die lange Kette der wandernden Stahlhelme.

Sie steigen langsam. Punkt vier Uhr sollen sie in ihrer Ausgangsstellung sein. Die Nacht ist kalt.
Schüsse in der Nähe lassen die Männer aufhorchen. Das ist das Maschinengewehr drüben auf der Alpinibastion. Was ist da los?
Es wird wieder still. Lautlos klettert die lange Kette weiter den Rand des Hanges hinan. Knapp vor vier sind die Felsgräben erreicht, von denen aus nach der Sprengung die Kuppe des Col alto erstürmt werden soll. Noch eine Stunde; wie eine Ewigkeit erscheinen den Männern diese sechzig Minuten. –

Den armen Teufeln in der Kaverne treibt die wachsende Ungewißheit den Angstschweiß auf die Stirne. Nichts ist ärger als dieses untätige Warten. Man spürt, wie hilflos man der Willkür des Feindes ausgesetzt ist. Irgend jemand hat die Weisheit verzapft: Entweder »um halb« oder »um ganz«. So hocken sie seit Mitternacht, jeder, der eine Uhr hat, gebannt auf den Zeiger starrend. Jedesmal, wenn der Zeiger auf »halb« oder »ganz« rückt, setzt ihr Atem aus. Nein – nichts. Es ist alles wie sonst. Aufatmend begrüßen sie die abermalige Galgenfrist. Und daran ändert auch nichts, daß der Oberleutnant ihnen sagt: »Wir vermuten doch nur – das kann noch stunden-, ja tagelang dauern.«
Kall kann sich nicht entscheiden, den Col alto räumen zu lassen. Noch könnte es zu früh sein, das gäbe den Italienern eine unerwartete Chance.
Die Männer wittern die Nähe des Todes.
Eine Meldung von draußen: »Herr Oberleutnant! Alle Telefonleitungen sind zerschossen!« Das war vorauszusehen. Jetzt ist die letzte Verbindung mit der Welt gefallen.
Kall sitzt, eine Zigarette rauchend, mitten unter dem kleinen, verlorenen Haufen der Col-alto-Verteidiger. Sie spü-

ren es und wissen es, es sind die letzten Minuten ihrer hoffnungslosen Todeserwartung. Und Kall spricht seine treuen Männer noch einmal an: »Wenn ich falle, nimmt Zugführer Kofler das Kommando, wenn Kofler fällt, springt Staudacher ein. Leute, ihr wißt, worum es geht: um Tirol, um unsere Heimat!«
Plötzlich erscheint Tschäms, der auf dem vordersten Posten war, im Eingang der Kaverne, fahl, verzerrt ist sein vom Schrecken gezeichnetes Gesicht:
Er schreit: »Der Dimai liegt im Verhau! Ich hab' ihn erschossen! Helft! Helft!«
Das trifft sie wie ein Schlag. Und schon springen sie auf, drei, fünf, sieben stürzen hinaus, springen über die Grabenmauer, laufen blind hinein in das Trommelfeuer.
Dort vorn, hinterm Trichterrand liegt Dimai! Sie ziehen ihn in den Graben hinein, schleppen ihn in die Kaverne.
Nicht erschossen, Gott sei es gedankt; der Schuß hat ihm nur die linke Schulter verletzt. Er hebt die Hand, winkt.
»Den Oberleutnant . . .«
Da ist Kall.
»Herr Oberleutnant. Ich hab' den Termin: um fünf Uhr früh.«
Kall blickt auf die Uhr. Noch vierzig Minuten. Das reicht. Seine Befehle rütteln die Männer aus ihrer Lethargie. Die Verwundeten werden zurückgebracht, auch Dimai. Dann: »Die Kaverne wird geräumt. Nur die Feldwachen bleiben draußen! Alle anderen in die Reservestellung zurück, hinter die Felskanzeln entlang des Laufgrabens. Alle Waffen mitnehmen!«

Drunten in der italienischen Stellung machen sich die Alpini bereit. Die Maschinengewehrschützen heben ihre schwere Last auf die Schultern. Die Sprengröhrenträger, die

als erste im feindlichen Verhau sein müssen, sind schon über die Grabenmauer gestiegen.
Pünktlich flammen die Scheinwerfer auf. Sie leuchten die Col-alto-Stellungen aus. Noch neun Minuten. –
Der ruhigste von allen ist der Sappeur Luigi Dellegrazie aus Bergamo. Bis jetzt hat er in einer alten Nummer des »Corriere della Sera« gelesen, Franchetti sitzt neben ihm. Noch einhundertzwanzig Sekunden.
Nun sind die Augen des Sappeurs erwartungsvoll auf Franchetti gerichtet. Dieser zählt »dreißig, zwanzig, zehn Sekunden, zwei« – jetzt das Zeichen – ein Hebeldruck: Zündung. –
Ein gewaltiger gelber Lichtblitz erhellt wetterleuchtend die Nacht über dem Berg.
Bis in seine Grundfesten erschüttert, bäumt sich der Col alto auf. Das Innere des Berges bricht lodernd empor. Schwarze Strudel von Fels, Erde und Rauch jagen unter Donnerschlägen zum Himmel, stürzen aus der Höhe nieder, alles unter sich begrabend.
Noch einmal bricht der Berg auf, wirft tausend Tonnen Fels die Südwand hinunter, dann sackt er in einem ungeheuren Trichter zusammen.
Und dann ist die große Ruhe da, die Ruhe des Todes. –
»Avanti! Avanti! Avanti! Savoia!«
Gespenstisch klingen die Stimmen der Angreifer durch Nacht und Rauch.
In wilden Reihen wimmelt es den Hang hinauf.
»Avanti! Savoia!«
Die Männer des Col alto aber schnellen aus ihren Deckungen, rennen springend über den Felsgrat zum Rande des großen Sprengtrichters vor.
Überall heben sich Gestalten aus den Rauchschwaden. Schon sind die Gräben wieder besetzt. Mann neben Mann,

von den aufgeworfenen Felsblöcken gedeckt, bereit, sich bis zum Letzten zu wehren.
»Avanti! Savoia!«
Doch unerbittlich mähen die Maschinengewehrgarben die Angreifer nieder, es ist nicht möglich, diesen Feuergürtel zu durchbrechen. Hunderte tapfere Alpini verbluten, brechen sterbend nieder . . .
»Avanti! Savoia!«

Der österreichisch-ungarische Heeresbericht vom 15. Mai 1916 lautet:

Italienischer Kriegsschauplatz

Heftige Kämpfe spielten sich nach feindlicher Sprengung auf dem Gipfel des Col alto ab. Dank dem Widerstand der Besatzung konnte die Stellung unter beiderseits schweren Verlusten gehalten werden.

14

Die Jahre kommen, die Jahre gehen. Größe und Glanz der k. und k. Monarchie sind versunken.

Über dem friedlichen Dolomitenland spannt sich ein heller Sommerhimmel. Aus den saftiggrünen Matten ragen die rötlichgelben Felswände in das Blau des Himmels. Kühne Gipfel zeichnen ihre Silhouette in den fernen Horizont. Gleichsam als Symbol dieses begnadeten Tages schwebt eine heitere, weiße Wolke über dem Land.

Und überall ist Friede, tiefer, gottgesegneter Friede.

Über die zweitausend Meter hoch liegende Dolomitenstraße schnurren Autos in endloser Folge, biegen um die Kurven, schrauben sich allmählich empor bis zum Falzaregopaß. Hier parken sie hintereinander, nebeneinander, die großen und die kleinen Wagen, die feinen, prunkenden und die einfachen, in den Wiesen, auf den Almmatten.

Man steht herum, trinkt einen Wermuth, einen Espresso, sitzt an den Tischchen an der Straße, in den Korbsesseln, räkelt sich in den Liegestühlen und schaut dann und wann zu den Bergen hinauf, als müßte man sich überzeugen, ob sie noch alle da wären. Mehr will man von ihnen nicht, als daß sie da sind und sich bequem vom Liegestuhl aus betrachten lassen. Und fotografieren natürlich auch. Denn man will ja eine bleibende Erinnerung an das schöne Erlebnis mit heimnehmen.

Einer findet sich immer, der rundherum alles erklären

kann: »Das ist der Sasso di Stria, der Hexenfels. Sein spitzer Turm über der senkrechten Wand war ein schwer umkämpfter Beobachtungsstand.
Das Feld dort mit den zahllosen Granattrichtern zieht zum Valparola-Sattel hinauf, wo immer noch das zerschossene Werk Tra i Sassi steht.
Der Berg mit der gewaltigen Wand ist die Tofana eins, 3340 Meter hoch. Der Gipfel war kurze Zeit abwechselnd von Kaiserjägern und Alpini besetzt. Kälte, Lawinen und Schneestürme machten den Transport von Lebensmitteln und Munition über die wilden, zerrissenen Felswände unmöglich. Beide Seiten mußten schließlich aufgeben, der Gipfel blieb unbesetzt.«
»Nicht zu glauben.«
»Unterhalb davon, der kühne Zacken, das ist der Schrekkenstein, italienisch Castelletto del Col di Bois, den eine handvoll Kaiserjäger monatelang heldenhaft verteidigte und der erst nach der grauenhaften Minensprengung aufgegeben werden mußte.«
»Der zerfallene Weg zum Paß?«
»Das ist eine ehemalige Kriegsstraße. Sie führt durch einen Tunnel hinauf zum Col di Bois.«
»Da sieht man ja noch Baracken, die wie Schwalbennester in den Felsen hängen. Da sollen die Soldaten ...?«
»Auch die Stollenlöcher sieht man dort noch, mit schwarzen Augen starren sie aus der Wand! Die ganze Bergkuppe wurde von den Italienern – und später von den Österreichern – unterminiert. Fast 1200 Meter Stollen trieben italienische Sappeure zur Vorkuppe des Col alto. Eines Tages flog da droben alles in die Luft; der Gipfel zerbarst – wie drüben am Col di Lana, den die Italiener auch unterminiert und gesprengt hatten ... Sie können die riesigen Trichter noch deutlich erkennen.«

»Unglaublich!«
»Oberhalb der Tra-i-Sassi-Sperre sieht man die Schuttströme der österreichischen Abwehrsprengung, die einen Teil der Wand zum Absturz gebracht hat . . . Einhundertdreißigtausend Kubikmeter Fels sind auf die Belagerer heruntergedonnert.«
»Wie heißt dieser Berg?«
»Lagazuoi-Col alto. Wo von der weggesprengten Südkuppe ein balkonartig stehengebliebener Turm in die zerschmetterte Wand hinausragt, steht jetzt der neue Gipfel, die sogenannte Vorkuppe. Der Mensch hat hier ein wenig die Topographie verändert . . .
Jahre später wurde zum Gipfel eine Seilbahn gebaut. In sieben Minuten luftiger Schwebefahrt kann man oben sein. Damals, als man den Col alto erobern wollte, hat man ihn in dreijähriger Belagerung nicht erreicht.«
»Interessant!« sagt ein junger Mann.
»Nicht schlecht, so ändern sich die Zeiten«, ergänzt ein anderer.
»Und ganz oben links, wo der Gipfelgrat ins Tal von Armentarola abbricht, sehen Sie ein kleines Gipfelkreuz. Leute aus dem Gadertal haben es aufgerichtet, in eine Blechtafel haben sie eingeritzt, was hier einst geschah.«
»Das kenne ich«, sagt eine Frau. »Mein Mann und ich waren gestern oben. Wir gehen jedes Jahr her.«
Vom Travenanzestal her kommen zwei Bergsteiger herauf. An der Lagazuoischarte unterhalb der Vorkuppe des Col alto verweilen sie ein wenig, steigen dann höher und setzen sich neben dem großen Steinmann zur Rast. Hier weitet sich der Blick zu einem Bild ehrfurchtsgebietender Schönheit und Größe.
Die beiden könnten von dem, was sie auf den Gipfeln rundum einst erlebt haben, viel erzählen. Aber sie schwei-

gen und gedenken ihrer Kameraden, betrachten die düstere Riesenwand der Tofana, die leuchtenden Türme der Fanisgruppe, die grünen Almen im Tal, die Wälder mit den lichten Lärchen und dunklen Zirben . . .
Noch einmal ziehen die Schreckensbilder des Krieges an ihrem Auge vorüber, eines Krieges, der in frevelhafter Weise Menschen gleichen Glaubens und gleicher Kultur aufgezwungen worden ist.
»Lieber Freund«, sagt Conte Franchetti zu Dimai, »es gibt ein schönes italienisches Sprichwort, kennst du es?«
»Vielleicht – wie heißt es?«

Gli uomini camminano,
le montagne stanno ferme!

Die Menschen kommen und gehen,
aber ewig stehen die Berge!

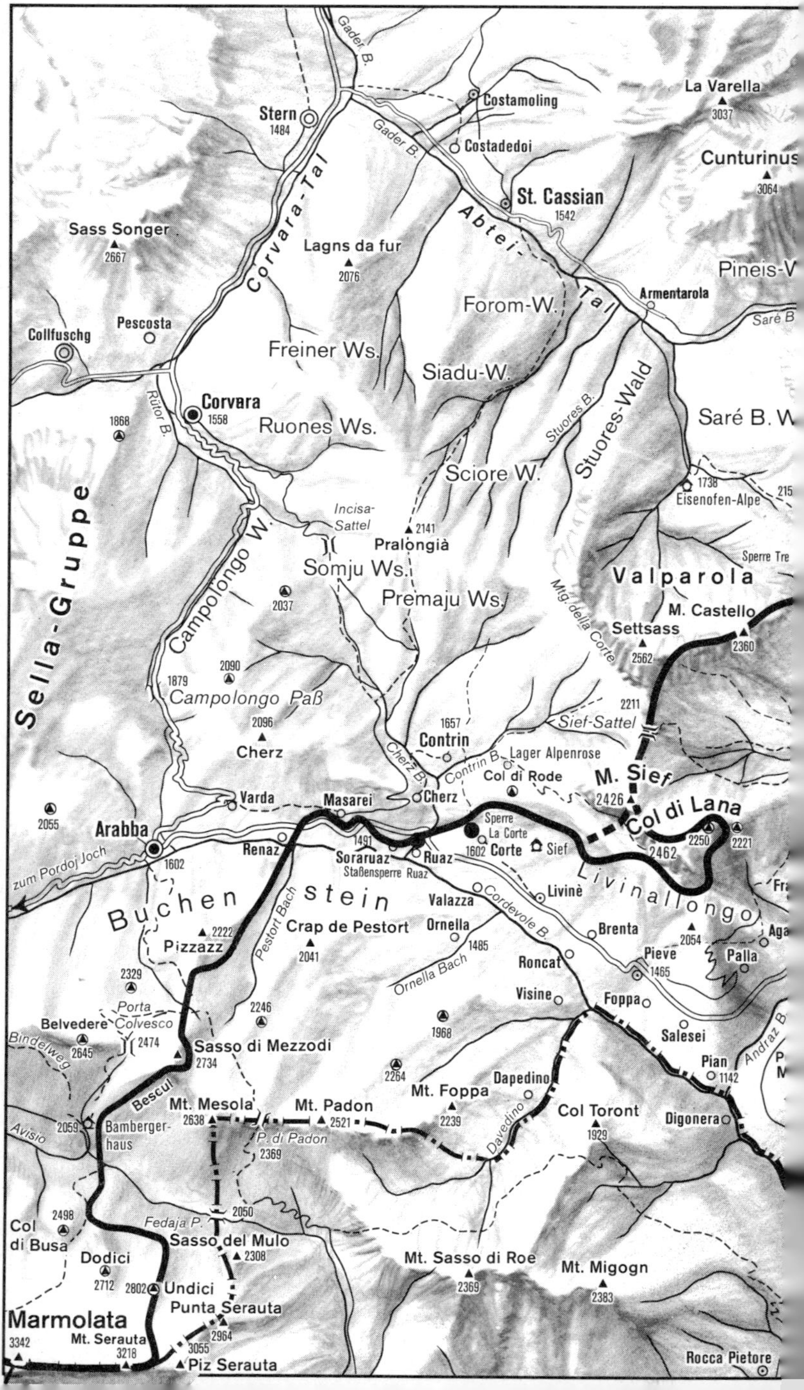
Gader B.
La Varella
3037
Costamoling
Stern
1484
Gader B.
Costadedoi
Cunturinus
3064
St. Cassian
1542
Corvara-Tal
Abtei-Tal
Sass Songer
2667
Lagns da fur
2076
Pineis-W
Armentarola
Forom-W.
Saré B
Pescosta
Collfuschg
Freiner Ws.
Siadu-W.
Rütor B.
Corvara
1558
1868
Ruones Ws.
Stuores B.
Stuores-Wald
Saré B. W
Sciore W.
1738
Eisenofen-Alpe
Sella-Gruppe
Incisa-Sattel
2141
Pralongià
Campolongo W.
Somju Ws.
Sperre Tre
Valparola
Premaju Ws.
2037
Mtg. della Corte
M. Castello
Settsass
2360
2562
2090
1879
Campolongo Paß
2211
2096
1657
Sief-Sattel
Contrin
Cherz
Cherz B.
Lager Alpenrose
Contrin B.
Col di Rode
M. Sief
2426
Varda
Masarei
Cherz
2055
Arabba
Sperre
La Corte
Col di Lana
1491
Renaz
2250
2221
Soraruaz
Ruaz
1602
Corte
Sief
2462
1602
zum Pordoj Joch
Staßensperre Ruaz
Livinallongo
Buchen stein
Pestort Bach
Valazza
Cordevole B.
Livinè
Crap de Pestort
Ornella
Brenta
2054
Pizzazz
2222
2041
1485
Ornella Bach
Roncat
Pieve
1465
Palla
2329
Visine
Foppa
Porta Colvesco
2246
1968
Salesei
Belvedere
2645
2474
Bindelweg
Sasso di Mezzodi
2734
Andraz B
2264
Dapedino
Pian
1142
Bescul
Mt. Foppa
Mt. Mesola
2638
Mt. Padon
2521
2239
Col Toront
1929
Digonera
Avisio
2059
Bamberger-haus
P. di Padon
2369
Davedino
2050
Fedaja P.
Col di Busa
2498
Sasso del Mulo
2308
Dodici
2712
Mt. Sasso di Roe
2369
Mt. Migogn
2383
2802
Undici
Punta Serauta
Marmolata
3342
2964
Mt. Serauta
3218
3055
Piz Serauta
Rocca Pietore